高校生と考える
コロナ禍の365日
学校！

桐光学園
中学校・高等学校

左右社

学校！　高校生と考えるコロナ禍の３６５日

桐光学園中学校・高等学校

学校！ 高校生と考えるコロナ禍の365日

教室に誰もいない

ライフ・ゴーズ・オン

先生、試合やらないんですか？

会うことだけがすべてじゃない

体育大会なし、文化祭なし、修学旅行なし

それでも春はやってくる

入学式

また会う日まで

贈る言葉

コロナ禍の出来事

2020年

月		桐光学園中学校・高等学校		時事
～2月				1月8日　WHO 中国 武漢の肺炎新型ウイルスの可能性を示唆
3月	休校	休校 3月5日、校内放送による2020年度卒業式 入学式延期／始業式中止決定		3月11日　WHOがパンデミックと認定 3月24日　東京五輪・パラリンピック 1年程度延期と発表される
4月	休校	教科書や学年だよりを各家庭に発送	7都府県に緊急事態宣言 4/7-5/25	4月1日　首相 全国すべての世帯に布マスク2枚ずつ配布の方針表明 4月7日　7都府県に緊急事態宣言 首相 住民基本台帳記載者対象に一人10万円給付の考えを表明 4月26日　全国高校体育連盟が夏のサッカーインターハイの中止を決定
5月	休校	修学旅行が中止される 前期中間試験	7都府県に緊急事態宣言 4/7-5/25	5月20日　日本高校野球連盟が夏の全国高校野球選手権大会中止を決定
6月	分散登校	6月1日、校内放送による2020年度入学式 分散登校開始 学校PVを公開		6月28日　世界の感染者1000千万人超える 6月29日　世界の死者50万人超える
7月		一斉登校開始 高3前期試験		7月22日　Go Toトラベルキャンペーン始まる 7月26日　国内の感染者3万人超える
8月		夏休みが例年より短縮される		8月11日　世界の感染者2000万人を超える

年	月	学校の出来事	ニュース
	9月	輝緑祭（文化祭）が中止される 中１から高２前期試験	
	10月	健康診断 後期始業式 体育大会が中止される	10月2日 トランプ大統領が新型コロナウイルスに感染
	11月	実力テスト	11月18日 国内感染者数が過去最多の２２０１人に
	12月	後期中間試験	12月15日 Go Toトラベル全国一時停止へ 地域限定の対応から方針転換 12月20日 ＷＨＯが英ほか三か国で変異ウイルス確認 12月27日 病床逼迫 7都道府県でステージ4の指標超える
2021年	1月	大学入学共通テスト	1月7日 緊急事態宣言が一都三県で発令される 1月13日 外国人の入国を全面停止 1月14日 病床逼迫で救急患者の搬送困難事例が急増、12月の2倍に 1月23日 新型コロナウイルスの死者が全国で５０００人超える
			1都3県に緊急事態宣言発令1/7-2/7
	2月	中学入試 高校入試	2月23日 新型コロナ変異ウイルスが１００超の国や地域に拡大 2月24日 菅首相がワクチンを4月12日から接種開始予定と発表
	3月	3月6日、２０２１年度卒業式	

＊本書のインタビューは2021年3月下旬から順次行いました。

＊下段は新型コロナウイルス時系列ニュース- NHK.JP（https://www3.nhk.or.jp/news/special/coronavirus/chronology/）を参考に作成しました。

はじめに

理事長　小塚良雄

桐光学園理事長。川崎市生まれ。東京理科大学を卒業後、厚生省技官として病院建築の企画設計に従事。患者と医師・医療集団に求められる医療環境を追求する。一九九四年より父の創立した桐光学園の経営を引き継ぐ。横浜市営地下鉄三号線延伸早期完成期成同盟会長。二〇〇三年神奈川県公安委員（委員長二期）。二〇一五年旭日小綬章。

答えがない。

これがコロナ禍の最大の特徴です。経験したことのない混乱、動揺に否応無しに巻き込まれ、どのような行動をとるべきか答えが見つからないまま今日まできている。ある分野を極めた学者でさえ、本当の意味での答えを出すことはできません。ある視点から見て完璧な答えが出せたとしても、別の視点から見れば全く異なる答えが出てくるからです。

一番わかりやすい例は防疫学と経済学の対立でしょう。通常であれば、学問の世界でそれぞれの視点からの答えがあり、それでよかった。でも今回のコロナ禍が起こっているのは学問の世界ではなく、生身の人間が生きている現実世界です。だから、答えはないけれども、皆がそのときそのときで何がしかの行動を選択せざるを得ない。自分なりの答えを作り出さなければならない。その連続です。ここで言う「皆」は個人のことだけを指すのではなく、家庭、政府、そして学校も含まれる。学校もまた行動を選択する主体としての責任を背負っているのです。だからこそ、この一年は神経をすり減らすような苦労が多々ありました。

しかし、私はこう捉えます。「おもしろい時代を生きているな」と。自分の取る行動を、こんなに多角的に熟慮して決定しなければならない状況はそうありません。生徒たちはこれからの人生で進学や就職、転職など選択を迫られる場面に何度も出会うでしょう。そのとき、きっと今の状況を思い出す。「あのとき、自分で考えて、答えを出して、行動して、その結果も経験したよね」と。これは生徒たちにとって、とても貴重な経験です。どんな苦難でもその経験を自分のものにすれば、きっと後から活きてくる。そう考えると、意義ある時を過ごしていると思える。苦難の中でも価値を見出すことができるし、少しだけ気も楽になります。

桐光学園では幼稚園から高校までを運営しています。それに加えて卒業生もよく訪ねて来てくれるので、私は幅広い世代のコロナ禍の受け止め方を見聞きすることができました。

驚いたのは幼稚園児もかなりのことを理解していることです。例えば「マスク警察」のようなものに対する疑念もすでにわかっている。さらには「そういう人も世の中にはいるけれど、その中でまあまあうまくやっていこう」というような知恵も育まれている。コロナ禍の時代でなければ、そういったことはいくら説明しても大人でさえなかなか伝わるものではありません。しかし実体験があるからわかってしまうんです。

この「実体験があるからわかる」という体験は私にもありました。普段からしょっちゅう校長と本を交換し合って読むのですが、二〇二〇年の初め頃にそのようにしてデフォーの『ペスト』とカミュの『ペスト』を読んだのです。どちらもはるか昔の疫病のことを書いた本ですが、実感としてわかる部分が随所に現れてくる。コロナ禍を経験する前であったら、そうはいかなかったでしょう。こういったことは自分を豊かにする財産として捉えてもいいと思うのです。

　ここまでの話は、困難に直面したときどうやったらプラス思考になれるかという話につながっていきます。実は先ほどお話しした「答えを選択する」ことについての考え方は、カントの『純粋理性批判』が下敷きになっています。要するに、学ぶこと、学び続けることがプラス思考で人生を切り開いていくために重要だということです。ただ、年を取ってからいきなり勉強しようと思い立ってもなかなか難しい。子どもの頃から学ぶ姿勢を身につけてそれを保ち続ければ、必要になったときにいつでも学ぶことができる。

「理解できない」ということほど不安なことはありません。多少安心したり、「これでいいんだ」と思える精神状態になるには、物事を完全に理解するまではいかないにしても、自分がある程度納得できる筋道くらいはつかんでおきたいものです。そうやって安心感を得ることで冷静でいることもできるようになってくる。そのためにもいろいろなことを学んでおくことが役に立ってくるのです。

　先ほどもお話ししましたが、学ぶことと同時に重要なのが経験です。ここから少し、私のこれまでの経験がコロナ禍を考える上でどのように活きたかお話しさせてください。

私はもともと建築家で、昔、がんセンターのホスピスを設計したことがあります。当時は今と違ってがんには治療法がなく、がんの告知には余命宣告が伴うのが常でした。「余命三ヶ月です」などと言われれば、患者は当然混乱します。しかしホスピス治療はその混乱が落ち着き、余命を受け入れる姿勢になったときに初めて始まるのです。できる範囲で痛みを取り除きながら、残された時間を有意義に過ごすことこそがホスピス治療だからです。患者が現状を受け入れなければホスピス治療は成り立ちません。

コロナ禍において、この「受容」が大変重要になっていると思います。誰にもどうしようもないこの現状、事実を受け入れて、その上で今自分がどう動いたらいいかと考える。こういうものだとまず受け入れれば、じゃあその条件の中でどういうプラス思考が成り立つかと考えることができます。ただ、受容という考え方も使い方に気をつけなければいけません。例えば戦争があることを受容論で考えてしまうのは危険です。しかし、自分の心の置き所を定めるときには有効に働く考え方だと思います。

もうひとつ、建築家としての経験が活きた例があります。桐光学園の中学校と高校の入試の際、受験生全員の検温をするのにあたって、「スクリーニングルーム」というものを設けました。当初は三十人の検温が一気にできるサーモカメラを使用する案が出ていましたが、それではもし熱のある受験生がいたときにその子を大声で呼び止めて捕まえるようなことをしなくてはならなくなります。ただでさえ緊張している受験生にとって、そんなことが起これば その心理的負担はかなりのものになるでしょう。

そこで、受験生に廊下に列を作って並んでもらい、三台の非接触検温計でそれぞれ一人ずつ検温をしていくことにしました。もしそこで熱がある子がいた場合、登場するのがスクリーニングルームです。検温場所のすぐそばの入口から入れる教室をスクリーニングルームとし、熱のある子がいた場合はそこにさっと通す。そして中で防護服を着た養護教諭が再度検温を行います。再度検温すると体温は下がる場合が多いのですが、それでも熱が高かった場合は保護者も呼んで相談し、受験の意向があれば専用の別室で受験してもらう。

こういった仕組みを考えるのに、トリアージ（選別医療）を行う病院の設計をした経験が活きました。トリアージという言葉はこのコロナ禍でかなり一般的になりましたが、本来は戦争や大きな事故・事件の際に使われる手法です。まさかトリアージの考え方が学校で活かされるときがくるとは思いませんでした。何の経験がどこで幸いするかわからないものです。

ここでお話した私の考えや行動はほんの一例です。この一年、桐光学園の先生方や生徒たち、保護者の方々はみなさんそれぞれの困難を抱えながらいろいろなことを考え、行動してきました。この本には、そんなコロナ禍の学校の一年を振り返る生の声が詰まっています。読み物としてもおもしろく、また資料としても価値のあるものになるのではないかと思っています。

教室に誰もいない

初担任

新学期から一ヶ月、
まだ生徒たちに会えていない。

天野喜英（あまの・よしひで）
二〇二〇年度高校一年生担任。桐光学園甲子園初出場時の主将・正捕手。大学進学を経てセガサミー実業団野球で活躍。その後桐光学園に戻り教鞭をとる。担当教科は体育。

つらいのはわかっている

担任を持つのは今年が初めてでした。

やることすべてが初めてというときに、いきなり三月から休校になってしまって。

一番大変だったと思うのは、生徒と保護者に向けた電話を一日で四十本かけたことです。それを全部で二回ほどやりました。四月中はメールでやりとりをしていたのですが、新学期の休校期間が一ヶ月を超えた五月のはじめに電話連絡をさせてもらったんです。生徒にも保護者にもまだ一回も会っていなくて、どういった生徒か、どんなご家庭かもわからず、声だけでいろんなことを読み取らないといけない。そういった意味では大変でした。

電話の内容は、生徒に配付している課題の進捗状況を聞くことが中心でした。生徒たちが普段の生活ができていない中で、課題のことばかり言うのもかわいそうだと思うところもあり、「元気に過ごしていますか」と気遣うことと、「その中でどのくらい勉強できていますか」「無理せず自分のペースでやってくださいね」という励ましの内容を基本に話していました。私は担当教科が体育なので、「運動してますか」とか「中学生のときはスポーツ何やってましたか」といった話もしましたね。例えばサッカー部だったら、「少しボール蹴ってるの？」とか。学習だけというよりは体を動かしてリフレッシュした方がいいと思ったので。「なかなか外には出にくい状況だけどね」とも言い添えながらですが。

課題も運動も、やっている生徒もやってない生徒もいろいろいたと思うのですが、みんな正直に話してくれたのが印象的でした。生徒たちは生活習慣に関して「ちょっと今は朝起きられていないです」とか、課題の面でも「そこまでまだ手をつけられてないです」というように、私の話を受け止めてくれて素直に返してくれていました。

生徒たちは隣の席に座る子の顔すら知らない状態です。公立小学校から公立中学校に上がる場合だったら、ある程度すでに知っている子がいるので学校生活がイメージしやすい。本校はいろいろな地域から生徒が集まってくるので、生徒たちは本当に何もわからない状態です。ですので、不安要素をできるだけ減らすために、声だけでなく表情にも気をつけました。電話越しでも表情はやっぱり伝わると思うので、「ニッ」と口角を上げて優しい顔を作りながらしゃべっていました。それで頬のあたりの表情筋にずっと力が入っていたので、喉よりも顔の筋肉がすごく疲れたことをよく覚えています。

ノートに生徒ひとりひとりの名前を書いて、どんな会話をしたかとか、この生徒はこういうことに興味があるんだ、課題はここまで進んでいる、この生徒はなんか元気ないな、とメモして、次の電話からはそのノートを開きながら話していました。できるだけ「つらいのはわかっている、理解しているぞ」というのが伝わればと思って。やれることは言葉で伝えることしかないと思って必死でした。今こうやって話していると「あ、そうだ、あの生徒、電話のときこうだったな」とすぐに頭に浮かんできますね。

学校に来ることを一番に

課題については、各ご家庭でいろいろなご意見や不安の声がありました。中学から高校の学習内容に上がる段階で、課題だけで学習レベルを体感しなければならない状況だったので、「すごく不安なんです」「みんなどれくらいやってるんですか」という声が生徒からも保護者からも出ていました。課題の量についても、「ちょっと課題が多いんじゃないですか」とおっしゃる親御さんもいらっしゃって。「こういった状況だし、健康第一で、今は課題を出すべきではないのではないか」と。

健康第一というのはもちろんそうですよね。ですので、「自分のペースで無理せず、できなければできないでも大丈夫です」「学校に来てからいくらでもフォローしますので」とお話しして。「でも一歩足を踏み出せるんであれば、少しでも構わないのでやってみてほしい」ともお伝えしました。

これが顔を合わせて会話できていたら、少し違ったとやっぱり思うんです。話しているときの表情も見えず、どんな生徒なのかの情報もない中での電話だったので、どういった背景があって、どんな気持ちでお話しされてるのか、そこがなかなか読み取りづらいのが難しいところでした。

逆に課題が少ないっていう生徒には、「どんどんチャレンジしてごらん」「課題の二周目に挑戦してもいいよ」ってお尻を叩くというか、そういう言い方で。課題の内容について具体的に質問してくれる生徒もいましたが、専門教科以外を教えることはできないので、そういったときには色々な先生に、本当によくサポートしてもらいました。本校では普段から共働する、必要ならみんなに頼るというのを基本にしていて、それはそれで強みなのかなと思うこともあります。そういう姿勢は生徒にも真似してもらったらいいと思っていて、「わからなかったらすぐ言いなさい」とよく言っています。

個別にはそういった対応をしながら、でもホームルームで全員に向けて話すときは、課題がなかなか進んでいない生徒の方に基準を合わせるようにして、「まず学校に来ることを一番に考えよう、健康でいることを一番に考えよう」といつも話していました。

少し余談にはなりますが、先ほどお話しした他の先生たちからのサポートという部分には、私自身が桐光学園の卒業生であることも関係しているかもしれないです。当時教わっていた先生たちと今一緒に働いているので、お互いいろんなことをわかっているし、チームワークはいいと自負しています。

自分が通っていた学校で働けるのはうれしいです。生徒はみんな後輩だと、そういう強い思いはあります。やっぱり桐光学園が好きなので、桐光学園で自分が学んだことを、生徒にも学んでほしいです。「俺は社会に出て、ここで学んだこういうことが活きたぞ」といったことを、生徒にはたくさん伝えています。

生徒に会えたことが奇跡のようにも思いました

各家庭に電話をした時点で、登校の目処は立っていませんでした。それで、五月からオンラインでホームルームを始めたんです。週二回はビデオ会議アプリのGoogle Meetを使ってビデオ通話を行い、その他の日はGoogle Classroomという課題の作成や配布ができるツールで簡単な質問を送って、設定した時間に生徒が答えることで出席をとりました。本校では、パソコンは普段から授業でも使っていて、入学時から全員ノートパソコンのChromebookを所持しています。二〇二一年卒業した高校三年生からＩＣＴ（Information and Communication Technologyの略称で、教育現場で活用される情報通信技術やその取組）教育の導入が始まったので、今はもう高校一、二、三年生全員がChromebookを持っています。そういったベースがあったので、オンラインでのコミュニケーションがとりやすかったと思います。パソコンの手配もいちから始めることになっていたら、かなり対応が遅れてしまったはずですから。

そして、六月一日に入学式を迎えました。初めて生徒と顔を合わせたときは……いやぁー、うれしかったですね。うれしくて涙が出ました。生徒に会えたことが奇跡のようにも思いました。「よかった、やっと会えた」という思いで。

入学式は教室で、校内放送を使って行いました。ひとつの教室に集まると密になるので、二年生の教室を借りて本来のホームルーム教室と半分半分、出席番号の前半後半で分かれて。私は前半のクラスの担当だったんですけど、後半のクラスにも顔を見るために行き来したのを覚えてます。いままでの人生でも、そう何回とないほどのうれしさでした。あぁ、学校に生徒が来ているぞ、しかも欠席もいなくてみんな来ているぞ、というのが。

　生徒たちは、やっぱりクラスメイトと初めて会うので緊張していて、教室は静かでした。私としては、電話やウェブでのホームルームをしているうちに、生徒の顔もだいたいわかるようになってきていたんですが、生徒たちからすればまだ知らない先生という感じで見ていたと思います。

　その後、分散登校で授業が始まりました。出席番号が偶数の生徒が月水金、奇数の生徒が火木土に登校、その次の週は曜日を逆にして。一年間通して決まっているクラスの時間割は変えないまま、二週間で一週間分の授業を受ける仕組みです。それに合わせて、教員は全く同じ授業を二回行っていました。

　分散登校で記憶に残っているのは、生徒たちの顔をすぐ覚えたことです。名前もすぐ覚えましたし、席の場所も同様です。担任をしていれば普通そういうものなのかもしれないですが、それにしてもすごくよく覚えたなと。この生徒とこの生徒は仲が良いな、なんていうのもよく見えるんです。分散登校によって、いろいろな情報を得やすかったし、コミュニケーションも取りやすかった。それは全員一斉登校よりも、半分ずつ集中して接することができたからなのかもしれません。

分散登校が四週間続いて、七月から一斉登校になりました。分散登校の間は、生徒同士が隣り合わないようにひとつ飛ばしで席が空いていて、教壇から見ているとそれがなんだかさびしかったんです。だから全員揃って席が埋まったのを見たとき、やっと普段の景色が戻ってきたと感じられて、気持ちが明るくなりました。

先生、まだ試合やらないんですか?

担当している体育の授業では、生徒がだんだんと数人一緒に行動するようになるなど、少しずつ打ち解けていく様子が見られました。一年生の最初の種目はソフトボールで、手洗いや道具の消毒など配慮しながら行ったのですが、試合はなかなかできませんでした。そんな中、生徒が私に「先生、まだ試合やらないんですか?」と言ってきてくれたときはうれしかったです。やっとみんなと仲良くなって試合がしたいと思うようになったんだなとか、私にもこうやって気軽に話しかけてくれるようになったなとか、そういうところから学校生活に少しずつ慣れてきていることが感じ取れて。

七月に入ってから最初の保護者会があったのですが、こちらは打ち解けるスピードがすごく速かったです。生徒たちは最初かなり静かだったので、保護者会の方がにぎやかだなと。親御さんのパワーを感じました。外で人と会う機会が減っている中で、保護者同士で集まれたことのよろこびも大きかったのかもしれません。コミュニティ作りも保護者会のひとつの目的なので、そういった機会が作れてよかったと思いました。例年だと年四回の保護者会がセッティングされているんですが、今年は二回。明日（二〇二一年三月中旬）、その二回目があるので、今度はどんな雰囲気か、どんなお話が聞けるのか、とても楽しみです。

一年間、私のクラスでは続けて欠席するような生徒もおらず、本当に生徒にも恵まれながら過ごせました。すべてが初めてのことだったので大変ではありましたが、いつもチャレンジだ、チャレンジだ、と思いながらやっていたのを覚えています。今後はこれを基本にやっていこうと思いますね。コロナ禍はもちろんよくないことですが、この一年間で経験したことの中には、経験できてよかったなと思えることもある。今まで気づけなかったことに気づけたというのもありますし、当たり前だったことが当たり前でなくなったからこそできた工夫もあります。

オンライン！

マスクを取ったらみんな
こんな顔なんだって思いました。

下郡山彩（しもこおりやま・あや）
二〇二〇年度高校二年生。吹奏楽部所属。好きな教科は数学、体育。料理することが趣味。

さすがにやばいぞ

後期期末試験がなくなったのは悲しかったですね。ゲームとか自分の好きなことをする時間も削って試験勉強を頑張っていたので。試験は三月の初めに予定されていたんですけど、ちょうどその時期から休校が始まったので不完全燃焼な感じで高一を終えることになってしまいました。

休校中、はじめはいっぱい休みがあるのがうれしくて。いつまで続くかわからないけれど、こんなにたくさん休めることなんてめったにないと思ってすごく遊んでました。今思うと無駄な時間だったなと思うんですけど、楽しかったのでまあそれはそれでよかったかなと。私はゲームをするのが大好きなのですが、三月下旬に「あつまれ どうぶつの森」というソフトが発売されました。発売日当日に並んで買いに行って、それから一ヶ月くらいすごくやりこんでいました。

勉強は学校から送られてくる課題をこなしてはいたんですが、深く掘り下げてはいなくて浅く一通りやって終わりにしていました。でも、途中からこの期間中の勉強の仕方次第で後々学力の差がかなり出てくるだろうなと思い始めて、四月の終わりくらいからは真面目に頑張りました。「どうぶつの森」も我慢して。数学の課題がすごく多くて、四つの単元、教科書のページ数でいうと百五十ページくらいを自習で終わらせないといけなかったんです。それを見たときに「さすがにやばいぞ」と気づきましたね。先生から動画が配信されてそれを見ながらやる課題もあったんですが、動画だと普段の授業とは違って何回でも見られるという安心感がありました。はじめの方はとりあえず一回見ておけばいいだろうと思っていましたが、後半からはひとつの動画を何度も見て内容をしっかり理解するようにしました。

六月から分散登校が始まりました。クラスを出席番号の偶数・奇数で半々に分けて、月水金は偶数、火木土は奇数のような形で登校しました。私のクラスは四十五人いるので、一度に登校するのは二十数人でした。桐光学園では中学校から通っている中入生と高校から入ってきた高入生が高校一年のときは別々のクラスになっているんですが、高二からは目指す進路によってクラス分けがされます。その大規模なクラス替えが行われるタイミングで休校と分散登校があったので、クラスメイトの顔と名前がなかなか覚えられませんでした。

一学年六百人くらいいるので初対面の人も多いし、その上みんなマスクをしているので顔がわかりづらい。マスクをした顔で覚えてるから、外している顔を見ると違和感があります。食事中とかマスクをしていない状態で急に振り返ったりする人がいると「えっ、この子こんな顔だったの？」って思ったりしますよ。全員一斉登校になったのが七月の途中で、その後すぐに夏休みに入ってしまったので、全員の顔と名前が一致するまで九月か十月までかかってしまいました。

各パート代表一人ずつだけの合奏

私が所属していた吹奏楽部は、高校二年生の定期演奏会を終えて引退することになっています。前回、私が高一のときはその定期演奏会が中止になってしまって、高二の先輩を送り出せなかったのが心残りでした。二〇二〇年度の定期演奏会は観客を保護者のみに限定する形で無事開催でき、私たちの代は最後の発表の場を持つことができました。アンコールでは去年の高二、今の高三の先輩方にも加わってもらって一緒に演奏できたので、去年の心残りも少し晴らせたし自分も気持ちよく引退できました。

私はオーボエの担当です。休校中は楽器を持ち帰って家で練習していました。腹筋や口のまわりの筋肉が落ちてしまったら吹けない楽器なので、部活動がない間も筋トレや腹式呼吸のトレーニングを毎日していました。トレーニングや楽器の練習のメニューは部長から指示があって、それをこなしつつ自分で決めたメニューもやっていました。楽器を一日吹かないと三日ぶん下手になると言われます。私は中学のときはバレーボール部だったのですが、その頃も同じことを言われていました。だから、休校中も毎日続けることを大事にしていました。

登校が再開してからもすぐには部活はできませんでした。夏休みに週三日くらいのペースで再開したと思います。吹奏楽部は年に一度しか大会がないのですが、それが中止になってしまったので、再開直後はみんなモチベーションがかなり落ちてしまっていました。私も部活をやめるかやめないかというところまで悩んでしまいました。

そんなとき、部長がラジオ番組の企画に応募してくれて採用されて、ラジオで私たちの演奏が流れることになったんです。コンクールや発表の機会がなくなった音楽系の部活を応援する企画でした。プロの方が学校に来てくださって、立派な機材で録音して編集してもらいました。そこでは野球部の試合を応援するときに演奏する曲をやりました。今年は野球応援の曲も吹けないのかと落ち込んでいたのでとても嬉しかったです。その企画に採用が決まったことで目標ができて、モチベーションも上がり、部の雰囲気もぐっとよくなりました。応募してくれた部長には本当に感謝しています。ラジオの放送で他の学校のいろんな演奏を聴けたのも楽しかったです。

普段の練習でもコロナの影響で大変なことがいろいろありました。まず換気を一時間に四回しないといけない。個人練習をしていて本当はずっと続けて吹きたくても、換気のタイミングがくると中断せざるを得ません。「今いいところだったのに」となることがしょっちゅうありましたし、練習時間が限られている中で換気の時間はけっこうなロスタイムになりました。

あと大きかったのは合奏ができないことです。八十名近く部員がいるので全員が一部屋に集まることはできません。なので、楽器のパートごとの代表一人だけが集まって合奏をしました。そして合奏に出た人が先生からの指示をパートの他のメンバーに伝えます。同じ楽器でも一人ずつ吹いている楽譜は違うので、この方法では音が歯抜けになってしまってなかなか合奏という感じにはなりませんでした。でも他にどうしようもなく、最終手段という感じでこの方法をとっていました。定期演奏会前には広いスペースを確保することができ、全員での合奏ができるようになったので救われました。その他、マスクのつけ外しも意外と大変でしたね。楽器を吹くときはマスクを外しますが、しゃべるときはマスクをつけないといけません。後輩と一緒に練習するときは、マスクを外して楽器を吹いてマスクをつけて指導をしてまた外して吹いて、というのがけっこうわずらわしかったですね。でも必要なことなので。

心がおいつかない

五月の修学旅行も九月の輝緑祭（文化祭）も十月の体育大会も、休校中に中止が決まりました。修学旅行ははじめは延期という形でした。カナダに行く予定だったのですが、海外は無理だということで代わりに九州への研修旅行が計画されました。でもそれも第二波のタイミングで中止になってしまって、さらに代替行事として三月に関東圏内での研修が予定されていたのですが、緊急事態宣言の延長によりまた中止に。結局一年間クラスのみんなとどこかに行くことはないまま終わってしまいました。行事の面では高二が一番充実しているはずだったのに、楽しい高二はどこにいっちゃったんだろうっていう感じです。さびしい一年でしたね。ずっと勉強だけでした。まあ今思うと勉強に集中できてよかったなとも思うんですが。

二〇二〇年から今までにかけてどこにも行けなかったぶん、友達と「卒業してコロナが収まったら絶対ここに行こうね」って計画をいっぱいしました。高一でもそういう話はしてはいたんですが、より一致団結してというか、絶対に行こうっていう思いがみんな強まっていました。溜まっているものを出さないとやってられないというか、こういう話を真剣にすることで気を紛らわせていた気がします。一年間つらかったけど、おしゃべりが楽しかったからなんとか乗り切れた。

高一のときは自習も学校でやるというルーティンができていて、家ではあまり勉強に集中できていませんでした。学校に朝早く行って自習していたのですが、休校でそれができなくなって家での勉強が絶対になったんですね。家では集中できないなんて言ってられなくなった。やらないと自分が後悔するだけなのでやらなきゃっていう感じですね。家での勉強を習慣化せざるを得ない環境に自然とおい込まれたのはよかったと思います。

今は春休みで、二〇二一年四月からいよいよ高三になります。私は高校受験は推薦で合格したので、ペーパーテストの入試の経験がないんです。だから大学入試は不安です。去年の問題を解いてみたんですけど、全然できなくてやばいなと思いました。いまだにもう高三になるっていう実感がわかなくて。すごく早いですね、高一から高三って。心がおいつかない。この間部活を引退して、やっと高三になるんだなっていう自覚がちょっと湧いてきました。あぁ勉強しなきゃなって。高三になるのはけっこう怖いですし、緊張というか、自分ちゃんと大学に行けるかなっていう不安はありますね。

教材発送

教科書を四百箱送りました、ガムテープも足りなくなって。

池田直行（いけだ・なおゆき）
二〇二〇年度中学一年生学年主任。担当教科は数学。吹奏楽部顧問。

貼り紙ひとつも躊躇

学年主任としての初めての仕事は、二〇二〇年度入学式と始業式に新入生代表として挨拶をしてもらう生徒の候補者二名に電話をかけることでした。三月十三日のことです。二人とも快諾してくれたので安心していました。

ところが十八日になって、入学式の延期と始業式の中止が決まりました。始業式で挨拶する予定だった生徒に中止の連絡をするのは、つらいものがありましたね。十九日には新入生に向けて入学式延期の旨をメールで一斉送信しました。通常使われるメール連絡網の登録をまだ実施できていなかったため、やむを得ず入試出願時のメールアドレスへの送信となりました。

その頃から四月はじめにかけては保護者からの質問の電話やメールが増え、その返答に明け暮れていました。

質問内容は、学校に携帯電話を持って行ってもいいのか、電車に乗るのが不安だから自転車で通学してもいいか、電子辞書を買おうと思っているがどのように選べばいいか、など様々です。数が多い質問は他の学年にも答えを共有して対応しました。延期となった入学式は四月五日を予定していたのですが、二日前の四月三日になって再延期が決まりました。挨拶をする生徒に再延期の連絡をするのは心苦しかったのですが、家で挨拶の練習をしてくれていることを保護者からのメールで知り、少し安心しました。

休校が長引きそうになってきたので、四月七日には教科書等を各家庭に発送することが決まり、準備を始めました。

　クラス分けと出席番号は、発送の伝票に記載する形で発表することにしました。普段なら印刷したものを貼り出して各自に見てもらえばいいのですが、この状況では貼り紙ひとつするだけでもその前に生徒が集まって密になってしまうのでできません。他にコロナ禍ならではのこととしては、教科書に同封する「学年だより」に担任と副担任の顔写真を載せました。普段なら入学式で対面するので必要ありませんが、なかなか会うことができない中で、事前に「この人が担任、副担任なんだ」と少しでも実感をもってもらいたいと考えてのことでした。

　送るものの準備や、発送作業の手順の検討などを経て、四月十四日に実際に箱詰め作業を行いました。たくさんの教科書や副教材を並べて仕分けるには広い場所が必要なので、学年ごとにそれぞれの場所に散らばっての作業です。中学一年の場所はカフェテリアでした。スペースの都合で同日に全学年分はできないので、その日手が空いている他学年の先生方にも手伝ってもらい、分担して作業しました。午前中から始めて夜の七時ごろまで、一日がかりの大仕事でしたよ。なにせ段ボールを組み立てるだけでも一苦労です。一学年だけで四百人もいますから。途中で段ボールに詰める緩衝材やガムテープが足りなくなって急遽調達したり、初めての作業だったので多少のトラブルもありました。

Googleフォームでコミュニケーション

四月に入ってからはGoogle Classroomの開設など、オンライン化に向けても動き出しました。教員も不慣れな中、詳しい教員から教えてもらいながら機能をひとつひとつ覚えていきました。不安だったのはセキュリティの問題です。グループを設定して、特定の人向けのデータが他の人にまで開示されるようなことが起きないように慎重に進めました。

保護者からは、ライブ配信での授業を行ってほしいという要望も徐々に上がってきました。しかし、家庭ごとにネット環境には差があります。しかも、その頃はルーターなどが売り切れになっていて、新しくネット環境を整えるのも難しくなっていました。また、中学生はまだ自分のChromebookを持っていなかったので、家にパソコンがあっても他の家族が使っている間は使えません。さらに、まだ一度も生徒と会うことができていない状態だったので、各家庭の状況も全く把握できていない。

そういった様々な状況を鑑みて授業のライブ配信はせず、Google Classroomでの課題配信を基本に、一部は事前に作成した動画を使って授業を進めました。Google Classroomも各家庭の環境によって必ずしも全員が見られるとは限らないので、対面授業が始まったときにはしっかりとフォローをしていくことにしました。

課題の配信が始まってしばらくすると、「課題に通し番号があった方がいい」「配信の日付を入れてほしい」といった声が家庭から上がってきました。普段は授業でプリントを配っているのであまり気にしていなかったのですが、休校中は各家庭で配信された課題を印刷しているので順番がわからなくなってしまう。配信される側の目線で課題を作成することが大事だなと痛感しました。

　五月には各クラスのGoogle Classroomが動き出しました。そこでやっと生徒に自己紹介をしてもらったり、日替りで担任がお題を出して返信してもらったりして、クラス内でコミュニケーションが取れるようになりました。国語科の教員がGoogleフォームを使って本の紹介をし合える場を作ったのですが、それは反響が大きかったですね。休校中みんなたくさん本を読んでいたのと、コミュニケーションの場が限られていたこともあってか、かなりたくさん書き込んでくれました。

　五月末には、制服や上履きが小さくなってしまって戸惑っているという相談が複数来ました。中学一年生の成長速度はすごいです。採寸は二月頃でしたから、四ヶ月近く経てばもうサイズが合わなくなってしまうんですね。そういえば、その頃には国から支給されたマスクの仕分け作業もありました。大人の分は家に届きましたが、子どもの分は学校に届くようになっていたのです。

「二度」あったクラス立ち上げ

六月一日、ようやく入学式を行うことができました。

体育館に全員集まることはできず、生徒は一クラスをふたつに分けて教室で行いました。保護者の来校もなしでした。家で練習してくれていた生徒には放送室に来てもらって、校内放送で挨拶を行う形になりましたが、とても立派な挨拶でした。二〇二〇年度の卒業式と二〇二一年度の入学式はライブ配信を行うのですが、このときはまだそれもできず、保護者の方にとっては非常に残念だったと思います。入学式の様子が何も見えないのは心配だろうと思ったので、校長と新入生の挨拶は後で学校のウェブサイトに写真付きで載せてもらいました。新入生には家で検温をしてシートに記入してきてもらったのですが、一人も忘れた子はいませんでした。素晴らしいと思うと同時に、初めての登校にピリピリしている様子も伝わってきましたね。

六月八日から、分散登校で授業が始まりました。やっと対面で授業を行えると、いつもなら当たり前のことに大きなよろこびを感じました。しかし、問題もありました。休校中の配信課題を見られていたか調査してみると、全く見られていなかった生徒も少なからずいたことがわかったんです。そのため授業では教科書の初めから確認することにしました。年度内に一年のカリキュラムを終えられるのか不安だったことを思い出します。結果的には行事がなくなったことや夏休みが短くなったことで授業時間も確保でき、どうにか無事に終えることができました。

生徒の登校が始まってからは、毎日下校後に消毒作業を行わなければなりません。普段は生徒が行っている教室などの掃除も今は感染予防の観点から生徒にはさせられないので、教員で行っています。毎日の掃除と消毒作業は時間も取られますし結構な重労働で大変ですが、今も続けています。

新入生の様子はというと、例年よりクラス全体が馴染むのは遅かったように思います。分散登校のときは席をひとつずつ空けていて、市松模様のような感じで座っていたんですね。そのため隣に人がいなくて、ちょっとおしゃべりするということができない。だから教室は常にシーンとしていました。一斉登校になった頃には偶数チームと奇数チームではそれぞれ仲良くなっていたんですが、隣の子は初めて会う子なのでまた最初からやり直しです。クラスの立ち上げが二度あったような感じでしたね。一斉登校になって二週間くらいしてやっと全体が馴染んできて、今ではもう例年通りの様子です。でも食事のときなどは今も気の毒ですね。普段ならおしゃべりしながら食べるんですが、今はそれができずに全員が正面を向いて黙って食べないといけない。おしゃべりをしながらごはんを食べるっていうのは一日の学校生活の中でも一番の楽しみなのに。

行事もほぼできなかったので、学年の企画で廊下の掲示板にみんなで装飾をしたんです。それを剝がすときにみんなで手に持って写真を撮りました。あえてマスクをつけたままのバージョンも撮ってみました。卒業アルバムに載って見返したときに、「あの頃はみんなマスクしてたね」と思い出すきっかけになると思って。いつマスクを外せるようになるのかわからないですが。行事がない中で、どうにかして卒業アルバムに載せるネタを作っていかなくちゃ、とよく考えます。保護者会でも、普段なら体育大会の写真などを見せるところを普通の日の昼休みに撮った写真を見せたりしました。日常はこんな感じですというドキュメンタリーのようなものになったのですが、これはこれでいいような気もしますね。

　桐光学園ではひとつの学年を同じ教員が持ち上がりでみていくことになるので、これからあと五年間、日常を大事にしながらこの子たちと歩んでいければと思います。

校内放送による高等学校入学式の校長式辞　二〇二〇年六月一日

高校一年生の皆さん、桐光学園高等学校へのご入学おめでとうございます。新型コロナウイルスによる休校が続き、入学式を挙行できなかっただけに、たとえ放送で皆さんの姿を直接見ることができないにしても、私の声を届ける機会を得たことに胸をなでおろしています。

皆さんはこの二ヶ月をどのように過ごしていたのでしょうか。振り返ってみてください。振り返りは前進の契機になります。特にこのような非常事態においてはなおさらだと思います。非常事態だからこそ、日常では見られないような出来事や光景が、日本だけではなく世界中で見られました。私たち一人一人の生活においても大小さまざまな変化がありました。皆さんに共通する大きな変化としては、高校に入学したにもかかわらず、二ヶ月もの間登校できなかったことが真っ先に挙げられることと思います。その間、授業だけではなく、講習やクラブ活動もありませんから、学校からの学習課題に時間を費やしたとしても、日常ではあり得ないほどの自由な時間があったことと思います。緊急事態宣言下で不要不急の外出を控えるよう要請されていたので、自宅にいる時間がほとんどだったと思います。この機会をとらえて、自分の興味・関心があることについてとことん調べてみる、時間を気にせず考えてみる——これができるのが「自立した学習者」と言えるでしょう。

でも、皆さんは中学を卒業したばかりです。今の時点で「自立した学習者」でなくても一向に気にする必要はありません。これからの三年間で「自立した学習者」を目指してください。そのためにもこの二ヶ月の自分の姿を振り返ることが必要です。反省すべき点は何か、どのようにすればそれを克服できるのか、を考えて今後の指針として欲しいと願っています。最初にお話しした「振り返りは前進の契機」とはそのようなことです。

今回のコロナウイルス禍において、様々な差別や偏見が見られました。欧米ではアジア人というだけで暴行を受けたり罵倒されるということが何度もニュースで伝えられました。路上で暮らさざるを得ない人たちに対する暴力も世界中で見受けられました。医療従事者に対しては、相反するふたつの反応がありました。最前線で死と向き合う医療従事者を讃える声がある一方で、医療従事者やその家族を差別する言動も見られました。コロナウイルスは誰にでも感染する可能性があるにもかかわらず、感染者を特定しネットを介して誹謗中傷するという事態も数多くありました。私が知っている限りでもここでは伝えきれないほどの差別や偏見が、国内だけではなく世界中で見られました。そして残念ながらこれらはまだ現在進行形です。

それでは、このような差別や偏見はなぜ生まれるのでしょうか。その原因を考えることが問題を解決する手がかりになると思います。未知のコロナウイルスを前にして人々は出口の見えない不安に包まれています。明確な解決策がないだけにこの不安は必要以上に人々を脅かします。ずっと不安でいることに耐えられず、少しでも不安から逃れたいために声の大きい情報、不安を解消してくれる情報、少しでも自信をつけさせてくれる情報などに人々は飛びついてしまいます。「高度情報化社会」と言われる現代においてさまざまな情報が垂れ流されています。その中で正しい情報を見極めていくことは容易なことではありません。大事なことは、その情報の発信源が信用できる人や媒体なのかを考えることです。信用できる媒体から発信される情報は正確な可能性が高いだけではなく、それが仮に間違った情報であったことが判明した際も、そのことを包み隠さず情報を修正することにためらいません。信用できる情報源というものはそういうものです。さまざまな事態を正確に捉えるためにも正しい情報は必要不可欠です。先ほど挙げた差別や偏見に関する具体例で考えてみましょう。アジア人というだけで暴行や罵倒を受けるという例がありました。コロナウイルスは中国の武漢で最初に発生したと言われています。今後の検証は必要ですが、このこと自体はかなり正しい可能性が高い情報です。しかし、そのことからすぐにアジア人＝コロナ感染者と決めつけてしまうことに問題があるのではないでしょうか。日本でもこれと似たような事例があります。地方において県外ナンバーの車が傷つけられたり、煽り運転を受けるということがありました。特に、東京や神奈川のナンバーをつけた車に被害が多かったようです。確かに東京や神奈川は、他の地域に比べ感染者が多く出ています。ここまでは正確な情報と言えます。しかし、東京や神奈川に住んでいる人＝コロナ感染者と結論を急いだことに問題がありそうです。どちらも、せっかく正確な情報を手に入れながら、あまりにも性急に結論を出してしまったこと、つまり自分勝手な短絡な解釈に結びつけてしまったところが問題です。正確な情報を手がかりに事態を正しく見極めていく思考力に欠けているのだと思います。差別や偏見によって一時的に不安から逃避できたように思えたとしても、それは不安を解消、軽減することには繋がりません。差別や偏見は、人間や世界を分断します。グローバル化された世界には、良い面も悪い面もあると思います。しかし、たとえ悪い面があったとしてもこのグローバル化の流れは進みこそすれ止まったり変わったりすることはないでしょう。約百年前にパンデミックを起こしたスペイン風邪が世界中に拡大するのに三年の月日を要しました。それに引き換え、今回の新型コロナウイルスは、三ヶ月で世界中に広がりました。これもグローバル化による人とモノの移動が原因と言えるでしょう。新型コロナウイルス拡大の原因がグローバル化にある以上、その解決もグローバル化抜きには考えられません。世界が協力し合って解決していく道しかないにもかかわらず、自国ファーストに傾いている国が少なからずあることに失望を禁じ得ません。

　私が昨年校長になるにあたって、従来の何をどのように教えるのかという教員主体の教育の在り方に加えて、何をどのように学ぶのかという生徒主体の教育の在り方の重要性を強調してきました。先ほどコロナウイルスの例から正確な情報を得て、それを手がかりに事態を見極めていく、考えていくということをお話ししました。事態を見極めたらそれにふさわしい言動をとっていく、これが「自立した学習者」の姿であり、「何をどのように学ぶのか」という生徒主体の在り方です。皆さんがこれから使っていく教科書や副教材はどれも正確な知識や情報に満ちています。先生たちは、それらの知識や情報について論理的に効率的に説明してくれるでしょう。その知識や情報を蓄積していくことで、そしてそれらを体系的に使いこなしていくことで、世界のさまざまな事象を正確に捉えて、それにふさわしい言動をとれるようになることと思います。桐光学園にはさまざまなプログラムが準備されています。失敗を恐れずちょっと勇気を出して少しでも多くのプログラムに関わって行って欲しいと思います。そこでのさまざまな失敗や経験が皆さんを「自立した学習者」へと導くことを祈念して、私の式辞とさせていただきます。

ライフ・ゴーズ・オン

祖母の家に
スマホを預けに行きました。

齊藤蓮（さいとう・れん）
二〇二〇年度高校一年生。サッカークラブチームＦＣ栗の木所属。得意な科目は現代文。考え事をするのが好き。

もうやるしかない

休校中は外に遊びにも行けないので、朝起きたらまず家の近くの土手に走りに行ってました。一、二時間走って、風呂に入って、ご飯を食べて、あとは勉強して寝る。ずっと同じルーティンで生活するのは、ちょっとつらいときもありました。毎朝一日の予定を立てていたんですが、なかなか守れないこともあったりして。

僕は岐阜から引っ越してきて、家族以外に全く知り合いがいない状態での高校生活のスタートでした。もともと父が神奈川で仕事をしていたので、高校進学を機に母と一緒に父のところへ移り住んだんです。初めは不安もありましたけど、もうやるしかないという気持ちでした。神奈川の高校に通うのを決めた時点で、もう迷わないって決めてたので。それでも不安なときは、中学校からの友達とＬＩＮＥや電話で話していました。友達に「なるようになるさ」と言われて、そのとおりだなと気持ちが軽くなったことを覚えています。

新しいクラスメイトとは休校中は全く交流はなかったです。Google Meetでのホームルームで顔は一通り映っていたんですが、生徒同士で話をしたりはできなくて。最初に自己紹介がありましたが、なかなか顔と名前が頭に入ってきませんでした。会って直接しゃべれば顔も覚えますが、画面で見ているだけだと難しいですね。最初にクラスごとに一回でも会って、ＬＩＮＥくらいは交換できていたらよかったのになって思います。やっぱり分散登校から始まったこともあって、クラスメイト同士が馴染むまでは時間がかかりました。一回でも休校前に会えていたらそれも変わっていたかもしれません。

ただ、休校中に「情報」という教科の課題で、それぞれ自己紹介のスライドを作るというのがあって、それをお互いに見ることができたので、誰がどんなことが好きかというような情報は事前に入ってきていました。写真うつりがだいぶ違う子もいて、会ってから一致しないみたいなこともありましたけど。そこに出席番号が入っていたので、自分の前の人と後ろの人くらいは覚えられて、少し安心しました。そんなふうに先生方がいろんな工夫や気配りをしてくださったのはありがたかったです。でも、気を遣ってくれてたんだなって今になって気づいたという感じで、渦中にいるときはあまりそこまで考える余裕はなかったです。

休校中は配信された動画を見る形で授業を受けていましたが、やっぱり対面の方がおもしろいなと思いました。対面との一番の違いは合間に雑談がないこと。事前に撮った動画なので、リアルタイムで生徒の反応を見て話すとか、生徒とやりとりするといったことができない。見ている間ずっと、授業の本筋の内容だけを考えていることがちょっとつらいなと感じました。雑談があるかどうかで授業の楽しさは全く変わってきます。映像授業だと淡々と解説するだけになってしまうので、おもしろみはなかったですね。でも、先生が自分なりの意見を入れて説明してくれている動画は楽しく聞けました。先生ごとに違いが大きかったですね。

わからないところがあったときは、家で親に教えてもらったりもしたんですが、やっぱり学校の先生に聞いた方がわかりやすい。そこはちょっと効率が悪かったと思います。先生にメールで質問はできたんですが、ちょっとやりにくくてあまりしませんでした。動画を見ながら自分で予習を進めていくというスタイルだったので、休校中にしっかりやっていた子は学校での授業が始まってもついていけていましたし、逆にサボった子はけっこうつらいと言っていました。でも、もう今はクラスメイト同士仲良くなっているので、お互い教えあったりしてなんとかなっています。

今でも休校中どう過ごしていたかはクラスの友達と話したりします。おもしろいですよ、みんな。ゲームばっかりやってたっていう子もいましたし、サッカー部やバスケ部の子の中には一日中筋トレをしていたっていう子もいました。けっこうバラバラですね。みんなそれぞれ好きなことをやっていたという感じです。

自主的にスマホを預ける

休校が決まったと聞いた瞬間はすごく嬉しかったですね、本当に。「自由な時間が増える！」と思って。でも、喜んでばかりもいられませんでした。高校受験が終わってそのまま授業開始が延びたので、受験の疲労感がずっと残ったままになっていて、なかなか思ったように勉強ができなくて。最低限の課題をやるだけになっていました。四月に予定されていた実力テストも中止になり、本来ならそれに向けてもっと勉強をできていたはずなのに、それもできなかった。

そんな状態でいきなり最初の定期試験に挑んだので、いきなり難しくなって焦りました。正直、高校のテストをなめてましたね。難しくなるらしいと聞いてはいましたが、一回体験しないとなかなか実感が湧きませんでした。あと、夏休みが短くなったのもつらかったです。課題が多くて。例年よりは減らされていたんだとは思いますが、「二週間の休みにしては多くない？」という量が出て大変でした。

休校中は、ほとんどの時間を家で過ごすようになり、家族と小さなことでケンカになってしまうことも増えました。家族も普段と違う生活でイライラが溜まっていたんだと思います。「いつもそんなことで怒らないじゃん」っていうようなことで怒られてしまったりして。特に僕がスマホを見ているとき、母の「スマホばっかり見てないで勉強しなさい」の一言をきっかけにケンカになることが多かったです。それで、近くに住んでいる祖母の家に自主的にスマホを預けに行くようになりました。一回預けたら一週間くらい触らなくても意外と平気になりましたね。この習慣はテスト勉強の期間にも役立ったので、今思えばよかったなと思います。

担任の先生とは休校中にも何度か電話で話しました。学校に行く前に先生と話せたのはありがたかったです。初めて学校に行く時点で先生も生徒も全く知らないというわけではなかったので、安心感がありました。ひとりでも知っている人がいるとだいぶ違います。登校が始まってからも定期的に先生との個人面談があって、進路のことや友達とのことなどを聞いてもらえたので心強かったです。

他クラスとの接点がない

クラスメイトと最初に会ったのが六月一日の入学式。それから約一ヶ月は出席番号の偶数と奇数に分かれての分散登校でした。分散登校の間はみんな静かで、あまりおしゃべりをする雰囲気でもなく淡々と過ごしました。仲良くなるチャンスの昼食の時間にも、感染予防対策で全く話せませんでした。でも、その後全員登校になってからはわりとすぐに打ち解けましたね。中学までを海外で過ごした帰国生たちがクラスにいて、その子たちが最初に盛り上げてくれたのが大きかったと思います。

部活はクラスより馴染むのが早かったです。僕は中学からサッカーをやっているんですが、学校の部活動とは別の、桐光学園の生徒が多く所属する地域のクラブチームに入りました。桐光学園では中学校から通っている生徒を「中入生」、高校から入った生徒を「高入生」と呼んでいて、一年生のときはクラスが別なのですが、部活では一緒になっています。僕たちのクラブは中入生が約二十人、高入生が四人なんですが、最初うまく馴染めなかった僕たちを中入生が気遣って話しかけてくれたので仲良くなれました。

部活も最初は週三日で、練習内容もパス回しなど他の人との距離をとって行えるメニューが中心でした。最初の二ヶ月は体を動かして慣らしていくという感じです。部活が普段通りできないこと自体は、しかたないと思って割り切っていました。その頃の後悔といえば、部活が少なくなって時間があったぶん勉強できたはずなのにできていなかったことですね。その頃にもっと進めておけばよかったなって。「お前が今やってる内容を俺は自粛期間中にやってたぞ」って友達から言われたりもして、今急いでやっているところです。

二〇二〇年は行事も次々と中止になりました。一年だけのことではなくて、僕らが二〇二一年行くはずだった海外への修学旅行もすでに中止が決まっています。修学旅行に行けないっていうのは予想はついていたので、「やっぱりね」という感じで僕はそんなにショックは受けませんでした。でも、高校で英語を一生懸命やりたいと思っていた子たちは特に楽しみにしていたので、とても悔しがっていました。

クラスの雰囲気は最初の静かだった頃からはだいぶ変わって、今はみんなでわいわい楽しめています。でも他のクラスの子とはイベントがないと話す機会がないので、その点がちょっと残念です。来年は行事があるとありがたいなと思います。

一家リモート

息子がGoogle Meetでホームルームをしているときはついつい覗き込みたくなりました。

齊藤恵理（さいとう・えり）
二〇二〇年度高校一年生の保護者。

ホームルームの姿が見える

息子と私は五月までは岐阜にいました。自粛期間が始まり、このままいくとたぶん入学式も四月には行われないだろうと思ったので、首都圏に比べれば人の少ない岐阜で、ぎりぎりまで過ごそうと決めました。教科書類やChromebookも岐阜の住所に送って頂きました。そのあたりは学校もフレキシブルに対応してくださいました。Google Meetでのホームルームも岐阜にいる状態で参加していました。ありがたいことにリモートだったので、距離は全く気になりませんでした。

ただ、学校も私たちもリモートで学習を進めるというのは初めてで手探り状態だったので、いくつか不便な点はありました。指定されている課題や、見るべき動画がどこに入っているのかわからないとか、「Chromebookから課題をうまくプリントアウトできず、家のパソコンを使ったりとか。あれこれ試しながらなんとかなったのですが、パソコンの使い方に慣れていないと大変だったんじゃないかと思いました。

息子がGoogle Meetでホームルームをしているときはついつい覗き込みたくなりましたが、「絶対に写りこまないで」ときつく言われていました。担任の先生がどんな人か、クラスメイトがどんな子たちなのかと気になっていました。

今まででであれば息子は学校や部活でほとんど家にいないのですが、休校中や分散登校期間中は家で一緒に過ごす時間が長くなりました。最初の頃は、勉強をするときに家の中に誰もいてほしくないという気持ちがあったみたいで、「家から出てって」と言われることがありましたね。違う部屋にいても気配を感じると気が散るみたいでした。

　そうやって私が家にいるのを嫌がったりもしますが、一緒にYouTubeを見たりして過ごすこともあります。思春期で反抗期の年齢ではあるけれど、わりと接点を持てているのかなと思います。息子の方から「これくらいの年代だと、人によっては母さんとこんなにしゃべらないんだよ」と言ってきたこともありましたね。

　コロナ禍において、息子が高校に上がるタイミングだったのはよかったかもしれません。中学生の頃のように親がいろいろと口を出したりやってあげたりするのをやめて、これからは本人に任せようというときだったので、息子の方も自分でやらなきゃという意識が高まっていたんだと思います。そのせいか、休校中に生活リズムが崩れることはほとんどありませんでした。中学校時代、テスト前などに予定表を作るように学校から言われていて、その習慣が身についていたので、休校期間中も毎日予定を立ててそれに沿って過ごせていたようです。

　ありがたいことに、六月には登校もできるようになり、今は部活もやらせてもらっているので、こんな状況でもできることが多くてよかったなと思っています。ただ強いて言えば、この多感な時期に刺激を受ける機会が少ないのはかわいそうというか、残念だなと思います。桐光学園では毎年、外部の先生方が講演に来てくださる「大学訪問授業」というものがあるんですが、それが今年度はありませんでした。子どもたちがどう感じているかはわからないですが、親の目から見るともったいないなと。もちろんコロナ対策が一番重要なのでしかたがないんですが、でも惜しかったなとは思います。来年度は予定されているということでありがたいです。

大人より気をつけている

学校からコロナ対策についてはたくさんのお便りを頂きました。中でも「電車で生徒がしゃべっていると、すぐ学校にクレームが入りますよ」というお話が載っていたものが印象に残っています。「生徒のみんなは普段通りの行動をしていると思うけれど、今は周りの人たちがとても気にしているから、普段通りのことだったとしても気をつけないといけないんだよ」という内容ですね。そのお便りの次の号で、「前回みなさんにお願いをしてから、クレームが一件も来なくなりました」と書いてあったのにはびっくりしました。

もうひとつ印象的だったのは生徒からの相談が載っているもので、「友達が興奮するとマスクを外してしゃべってしまう。自分は祖父母と同居していることもあり、それがすごく気になるんだけれどどうしたらいいか」という内容でした。子どもたちもいろいろなことを考えて気にしながら生活しているんだなというのが見えて感心しましたし、ひとつひとつ丁寧に応えてくれる先生方の姿勢に頭が下がりました。

学校の取り組みはすごくありがたいなと思っています。学校でコロナ対策について指導や注意喚起をしてくださっているおかげで、家で息子に「コロナだからこうして、ああして」と言わずに済んでいます。例えば、お友達とどこかに出かけたいとか、部活帰りに食事をしてきたいとか、高校生になると特に思うはずなんですよね。でも、ちゃんと自分で立ち止まって考えて、やらずにいてくれています。友達付き合いと安全面との兼ね合いで、親としてどこまで口を挟んでいいのか悩む部分もあるんですが、学校で「今はそういうことはしないように」と徹底してくださっているので助かります。

文化祭も修学旅行も体育大会もすべて中止だったので、生徒にとってはつまらなかったりがっかりしたかもしれません。でも親としては、この状況下で無理に開催してしまうよりは、安心でありがたいなと思っていました。

息子は、普段と違う生活に対しても「今はそういうときだからしかたない」と、淡々と適応している感じです。子どもたちの方が、大人よりちゃんと気をつけているんじゃないかと思いますね。大人になるとどうしてもこれまでの習慣が身についてしまっていて、変わることに対して抵抗が大きいのかもしれません。

私も最初は引きこもり生活が全然苦にならなかったんですが、年が明けて三月に入ってからすごく閉塞感を感じるようになり、これはちょっと危ないなと思い始めました。最初の頃は、コロナ対策に関して「やらなきゃ」が多かったのですが、この頃は「やってはいけない」の方に意識がいきがちになってしまい、そのストレスが溜まっているのかもしれません。でも息子の方は、「閉塞感ない？」と聞いてみても「え、そう？」って平気そうにしています。親子で二人ともだめになっちゃうよりは、息子が平気でいてくれるのは心強いですね。息子の場合は、やっぱり部活ができていることが大きいと思います。気分転換がなかなかできない環境では、学校が勉強しに行くだけの場所になってしまいつらいだろうと思います。「これじゃ予備校と変わらないよね」と生徒同士で話していたというのも聞いたことがあります。

今日は二回目の保護者会があったのですが、ひさしぶりに人と会えて、みなさん楽しそうでした。私も出歩く理由ができたのがうれしかったですね。人と話すことって重要だなと改めて思いました。画面越しだとやっぱり何かが違うんですよね。

保護者としては二年目の学校の取り組みにすごく期待しています。一年間、安心安全を第一に、できる限り危険なことはしないようにされてきたと思います。その上で、何ができて何ができないのかを見極めてきてくださっているだろうと思うんです。プレッシャーをかけるつもりはないんですが、この一年の経験が次の一年にどう活かされるのかなと、楽しみにしているところではありますね。

一年を振り返ってみると、できなかったことに対する残念さよりも、できることが多かったありがたさの方が大きいです。息子も自分で考えて行動できる歳ですし、学ぶことも多かった一年だったのではないかと思っています。

「ああ、学校って生きているんだな」
と感じました。

松浦仁（まつうら・ひとし）
教頭。担当教科は日本史。

桐光学園には教頭がふたりいます。各部署の意見を集約しながら大方針の流れを滞りなく進める過程は大変です。特に今回のコロナ禍のように答えがわからないものに対しては当然さまざまな意見が挙がる。忌憚のない意見がコロナ対応に関する会議では次々と出ました。意見のぶつかり合いは激しく、苦しくもありましたが「意味のある会議」だったと思います。

保護者からも多くのお問い合わせやご意見をいただきました。私はメールを一括して確認し、振り分けていく係だったので、どのメールにも目を通しました。訊きたいこと、伝えたいこと、要望の言葉はどれも重みのあるものでした。家庭のことを思い、子どものことを心から思っている。ただの批判はなく、どれも「こうした方がいいんじゃないですか」といった提案でした。教員も必死で考え抜いて、状況とともに答えや方針を変えていく。「ああ、学校って生きているんだな」と感じました。

二〇二〇年コロナで休校になったときの悩みはそれまで経験したことがないものでした。正直に話すと、最初はほんとうに呆然としました。何をどうすればいいのだろう?と思って。

あの時期、あの時点で会議での議論が激しくなったのは当然で必要なことだったと思っています。よく私たちは生徒たちに言います。「答えのない問いにどうアプローチしていくかが大事だ」と。今回それを私たち教員が問われているのだと感じます。

私は日本史の授業も数コマ担当しています。コロナ禍で初めて授業ができたときは嬉しかったです。やっと授業がやれた！と涙が出そうでした。

対面で授業をしたいと願うのは、リアクションや些細な変化を知ることが重要だと思うからです。個人的な話ですが、学生時代、学校へ行くのがつらかった時期があります。いじられるというか、他人との関係性がうまくいかず、学校が嫌で嫌で仕方がなかった。いま考えると自分にも妙なプライドみたいなものがあって、それが他人に伝わっていたのかもしれないとも思います。自分でつくった固定観念でものごとを見て他人との間に壁をつくっていた。あるときふと周囲を見渡して、小さい自分に気づいたら急に気持ちが楽になり、力が抜けました。

自身が学生だったときに学校が好きでそのまま教員になった人は多いと思います。でも、自分には少し違う経験がある。ひとクラス四十人いて、四十人のなかでひとりかふたりでも、うまくいかない子がいたら……。私はその生徒の方を向けばいいなと考えています。そのために、必ずしも心地よかったわけではないときのことも忘れないようにしたいと思います。

コロナ禍の風景❶

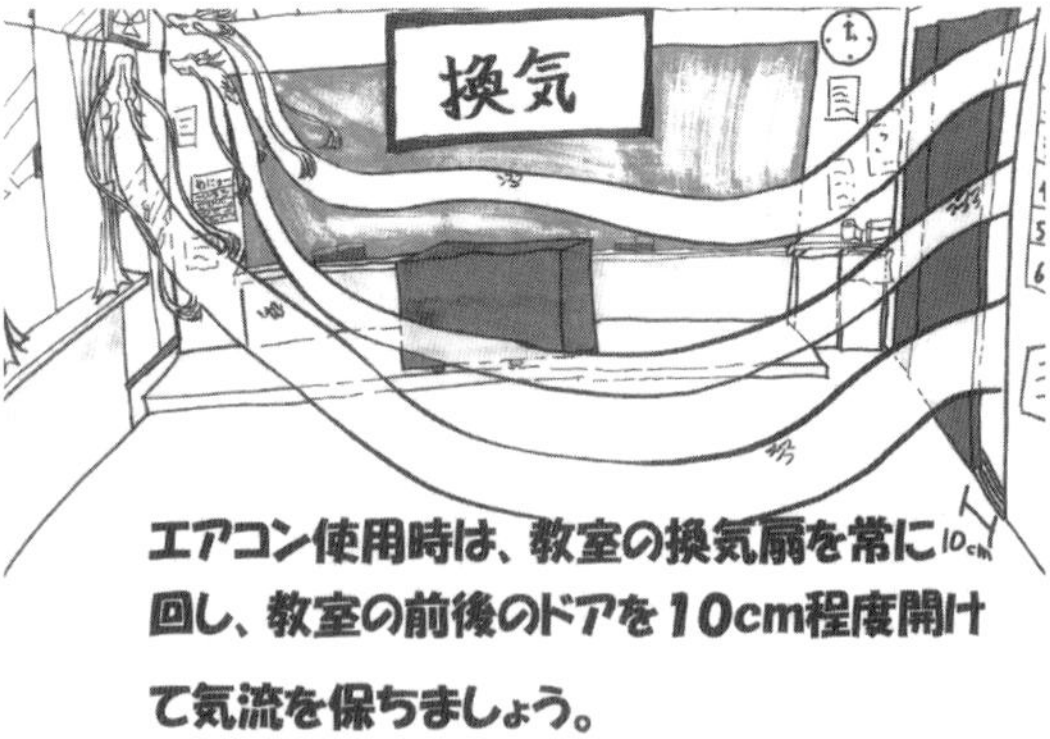

美術部漫画班によって描かれた換気周知のイラスト。さまざまな絵柄のものがあちこちの教室で見られる。

先生、試合
やらないんですか？

インターハイ中止

誰もいないスタンドを見たときは、正直ショックでした。

北村公平（きたむら・こうへい）
二〇二〇年度高校三年生。サッカー部所属。好きな教科は体育。仲間と出かけることが趣味。

体力は落としたくなかった

急に休校になることを知らされたとき、クラスのほとんどはすごく喜んでいました。そのときはまだあれだけ長い休校になることも予測できなかったので、単純に「学校休みだ！」と浮かれている人が多かったです。期末試験もなくなったのでいっそう解放感が大きかったんだろうと思います。指定校推薦で進路を決めたいと思っていた僕にとっては、その重要な要素となる試験がなくなることは喜べることではありませんでしたが、二年生になってからそれまでの三回の試験でそれなりに良い結果を出せていたので、そこまで大きな心配はしていませんでした。ただ、サッカーの練習の時間を削ってまで勉強した成果を目に見える形で実感することができないことは少し残念に思いました。

休校期間中は配信された課題を中心に学習を進めることになりましたが、普段あまりパソコンを使っていなかったので慣れるまでは一週間近くかかりました。普段、教室にいれば黙っていても様々な情報も課題も受け取ることができますが、オンラインでは自分から見にいかなければならない。大学はそんな感じだと思うのでいい練習にはなったかなと思います。あと、オンラインになったことで移動時間がかからなくなったのもありがたかったです。僕は通学に片道一時間以上かかるので、その時間を有効に使えるのはいいなと思いました。

オンラインでの学習にも慣れてくると、今度はいつまでこの状態が続くんだろうという漠然とした不安を感じました。初めは二週間で終わると思っていた休校が一ヶ月、二ヶ月と延びていくのはつらかったです。何よりも早くサッカーがしたいというもどかしさが募りました。

僕はサッカー部に所属していてキャプテンを務めていました。休校中は部活動もできなかったので、自分でできる範囲でトレーニングを続けるしかありませんでした。サッカー部のフィジカルコーチがトレーニングメニューを作ってくださったのでまずはそれをこなし、あとは毎日走り込みをしました。僕のポジションはゴールキーパーなので試合中の運動量は他のポジションと比べて多いわけではありません。それでもベースとなる体力は絶対に落としたくなかったので、走り込みはフィールドプレーヤーの部員と比べても負けないくらいやった自信があります。一週間ごとに学習とトレーニングの計画を立てて過ごしていたので、三ヶ月通して生活リズムは崩れませんでした。

誰もいないスタンドを見上げる

キャプテンとして今年一番難しかったのは、モチベーションが下がってしまっている部員へのアプローチです。休校中練習ができなかったり、大会が次々と中止になったりする中で、モチベーションが下がってしまった選手が学年を問わず何人かいました。直接声をかけるようにはしていましたが、なんと言っていいのかわからずとても悩みました。例えば強度の高い走りのトレーニングをしているときは「最後まで手を抜かずにやれ」と言いたいけれど、あまり強く言いすぎると心が折れてしまうだろうし、優しく言っても聞かないだろうし。ちょうどいいところを探りながら言葉を選ぶのは難しかったです。正直、モチベーションの部分は最後の選手権大会まで引きずってしまったかなと思います。神奈川県予選の決勝までいったんですが、そこで敗れてしまいました。二〇二〇年四月にインターハイが中止になったときに目標を見失ってしまった選手がかなり多く、選手権大会という最後の大舞台はまだ開催される可能性が残っているのに、そこに気持ちが向かなくなってしまっていたんです。そういった選手に前を向いてもらう、みんなと同じ方向を向いてもらうにはどうすればいいか、特に六月七月は常に頭を悩ませていました。なかなか答えは出なかったです。

僕自身はキャプテンを務めているという責任感でモチベーションを保っていたように思います。僕が一年生のときも二年生のときも素晴らしいキャプテンがいて、彼らの姿を見ているうちに理想のキャプテン像が自分の中にできていました。いよいよ自分が三年生になってキャプテンを任されたときは、ワクワクもありましたし不安もありました。そんな矢先にコロナ禍がやってきて。それでもきっと自分にしかできないことがあると思って、一瞬一瞬を大事にしようとなんとか頑張ってきました。でもやっぱりインターハイの中止はかなり僕自身もきつかったですね。でもそれを周りに悟られないように、顔や態度に出さないようにと神経を使っていました。今思えば、もしかしたら感じ取っていた選手もいたかもしれません。

休校中には、プロとして活躍している先輩方が部員に向けたメッセージ動画を送ってくださいました。練習ができず鬱々としている中で、先輩方が一緒に頑張ろうと励ましてくださったことは大きな刺激になりましたし、本当にありがたかったです。こういったＯＢとのつながりがあることは桐光学園の強みだなと改めて感じました。

今年はほとんどの公式戦が無観客試合でした。誰もいないスタンドをフィールドから見上げたときは、ちょっと言葉が出ませんでした。僕は一年生のときから試合に出ていて、選手権大会の本戦も経験しています。本戦の試合は特に注目のカードだったこともあって、一万人以上の観客の前で試合をしました。超満員のスタンドからの声援、あの空気感こそが選手権大会だと思いますし、あの空気感を味わうだけでも高校サッカーをやる意味があると言っても言い過ぎではないと思います。その一年生のときの試合では負けてしまって、絶対にもう一度あの数の観客の前でやりたいという思いがありました。それが叶わなかったばかりか、それ以外の試合でも無観客が続いたのは本当にさびしかったです。部員はスタンドに入れましたし、一部の試合では保護者も観戦することができて、そのありがたみは強く感じました。でもやっぱりブラスバンドの応援が聞きたかった。

彼らならやれる

僕はサッカー部、野球部、バスケ部などの生徒が入るクラブ推薦クラスにいました。同じクラスの生徒にはプロを目指す人やスポーツ推薦での進学を目指す人が多いので、コロナ禍によって進路選択に苦しんだ人も多かったです。サッカー部の例で言えば、インターハイまでの実績が大学のスポーツ推薦の選考の対象になるので、インターハイの中止はすごく響いたと聞いています。野球部にとっては甲子園の中止の影響がとても大きかったと思います。スポーツ推薦が厳しくなった場合は、指定校推薦に切り替える人がほとんどでした。スポーツで生きていくことを目指している人は、スポーツ推薦の枠を獲得するために各大学の練習に自分から参加しに行っていました。スポーツ推薦の選考の基準を変更した大学もありましたが少数派で、ほとんどの大学は例年通りのインターハイまでという基準のままでした。二年生までに良い成績を残せた人はスムーズだったのかなと思いますが、三年生で巻き返そうと思っていた人にとってはかなり厳しかったようです。

僕自身はもともと指定校推薦での進学を目指していました。高校受験の段階で、指定校推薦の制度が充実していることが桐光学園を選ぶ決め手のひとつでした。僕は勉強でもサッカーでも大学に進めるように準備したいと思っていたので、サッカーで良い成績を残せたとしても勉強の手を抜くことはなかったです。ずっと文武両道を意識してやっていました。サッカーをやっているとどうしても勉強の時間が取りづらくなるので、遠征に行くバスの中で勉強したりもしましたね。その成果が無事に出て、進路は希望通りに決めることができました。

学校行事に関しては、体育大会がなくなったのが特に残念でした。クラブ推薦クラスは毎年高三がパフォーマンスをするのが伝統で、体育大会の中のハイライトになっています。去年の高三は、ラグビーのニュージーランド代表が踊っていて話題になった民族舞踊の「ハカ」を踊っていました。毎年高三が自分たちで何をやるか決めて自由に取り組むことができると聞いていたので、おもしろそうだなと思っていました。その他の種目でもクラブ推薦クラスが一番目立つことができるので、大会を楽しみにしていました。また、体育大会はクラス対抗なので、他のクラスからの「打倒クラブ推薦クラス」のパワーをすごく感じます。僕たちとしても一般クラスには負けられないという意地があります。毎年意外と接戦で、一般クラスが勝つ年もあるんですよ。

サッカー部の行事としては、海外遠征が中止になりました。海外遠征は二年に一回で、二年生か三年生のどちらかのときに行くことになっています。クラブ推薦クラスは大会の関係で修学旅行に行けないので、代わりの遠征という位置づけになっています。今年は三月中頃からスペインに行く予定だったんですが、なくなってしまいました。海外経験というだけでも貴重ですし、なんといっても現地のチームとの試合を楽しみにしていたのでショックでしたね。

ほかになくなって残念だったのはサッカー部の「三年生を送る会」、通称「三送会」です。例年三送会で卒業生は一人ずつスピーチをするので、何を話そうか考えていたんですが中止になってしまいました。後輩たちに伝えたかったのは、なんといっても「期待している」ということ。選手権大会予選の決勝で僕たちは負けてしまったので、神奈川の頂点、そして全国の頂点に来年こそは立ってほしいです。それからもうひとつ。今年は練習ができなかった時期もあり、それぞれ悩みを抱えた年だったと思います。これからも迷うことは多いと思うけれど、そんなときはとことん考えて自分の思う道を切り開いていってほしい。来年のメンバーに対して僕は何の不安もないですし、彼らならやれると思っています。

支援物資

ＯＢの選手たちは当時不足していたマスクを大量に寄付してくれました。

久保田涼（くぼた・りょう）
二〇二〇年度中学三年生担任。担当教科は数学。高校サッカー部顧問。

自己紹介動画で新一年生を迎える

一番影響を受けたのは三年生のメンタル面です。二〇二〇年三月からの休校に伴って急に練習が一切できなくなり、インターハイも中止になった。しかもその状態がいつまで続くかわからない。それまでサッカーを中心に生活してきた生徒たちにとって、自由にサッカーができないことの精神的な負担は相当なものだったでしょう。

サッカー部は二〇一九年のインターハイで全国優勝していて、二連覇を目指して新体制で始動しようと意気込んでいた矢先だったので、出鼻をくじかれたという思いもあり、ストレスはかなり大きかったと思います。みんなでボールを蹴って気晴らししようにも、それができない。中には「サッカーをこのまま続けていいのだろうか」というところまで思い詰めてしまった選手もいました。通常の活動ができていればそんなことは考えもしなかった選手がそこまで悩んでしまったんです。

鈴木勝大監督を中心に顧問やコーチとも連携して、選手一人一人と電話で話をするなどメンタルケアに努めましたが、練習が再開してからもなかなか気持ちが切り替えられない子もいました。

休校中にはオンラインを利用したコミュニケーションもとっていました。ひとつは、フィジカルコーチによるオンライントレーニングです。チーム全体をビデオ通話でつないで、自作の動画を見ながらトレーニングをしました。このオンライントレーニングには四月に入学する新一年生も参加したのですが、その新一年生と在校生で、自己紹介動画を自分で撮って送り合い、お互いの自己紹介を行いました。もちろん顔を合わせて自己紹介ができれば一番よかったのですが、それも難しかったので、せめて画面越しに、なるべく新一年生と在校生の間に溝ができないようにと工夫しました。

休校中、生徒の間では筋トレが流行っていたみたいです。日々の成果がわかりやすい筋トレは、いいストレス解消にもなっていたのではないでしょうか。休校中に十キロも体重を増やし、練習再開までにまた元の体重まで落とすことで体づくりをした生徒もいました。

練習が再開できたのは二〇二〇年六月一日です。

まずはサッカーが進路にも関わってくる三年生を先行して再開し、その一週間後から一、二年生も加わりました。しばらく十分に体が動かせていない状態だったので、練習メニューは怪我をした選手のリハビリ用のものに近いところから始めました。

感染予防対策については、先に練習を再開していた他のチームやＪリーグチームを参考にしながら行いました。練習中の水分補給用のスポーツドリンクは、これまでは全員分まとめて作ってたくさんのボトルに入れて置いておき、選手たちは飲みたいときに近くにあるものを取って飲んでいました。感染予防の観点からボトルを共有するのは難しいのであらかじめスポーツドリンクを入れたマイボトルを持参してもらいました。ひらがなで名前が書いてある小学生のとき使っていた水筒を引っ張り出してきた選手もいました。練習中に自分のボトルからしか飲めないことに当初は違和感があったようでしたが、今では習慣化されています。

試合をしたい、見せたい

練習は再開できましたが、公式戦はなかなか開催されませんでした。

インターハイは四月の予選から中止、関東大会も中止。八月から、神奈川県リーグが後半の九試合だけ行われることになり、ようやく今年度初の公式戦に出場することができました。この県リーグの結果は一位。高校サッカーのメインとも言える冬の選手権大会では、県予選決勝の延長戦でＰＫを取られ惜しくも敗れてしまい、県二位。選手権大会での全国出場を最低目標にしていたので悔しさは残りますが、この厳しい状況の中でしっかり結果を出してくれたと思います。メンタル面で不調を抱えていた選手たちも調子が無事に戻り、試合で活躍してくれたこともうれしかったです。

高校サッカー部は保護者とのつながりがとても強く、新型コロナウイルスの影響がなければ練習試合でも半数以上、公式戦となるとほぼ全員の保護者が応援のために来てくださいます。自分の子どもが試合に出ていなくてもです。しかし、今年度はほとんどの試合が無観客でした。選手たちにとっても無観客試合はつらいものですが、いつも試合を見るのを楽しみにしてくださっている保護者のみなさんも非常に残念がっていました。なんとかして試合を見てもらいたいと思い、県リーグでは試合の動画を撮影してネット上で保護者がいつでも見られるようにしました。しかし生で見るのとは全く違います。私たちは「早く試合を見せたい」と、もどかしいような申し訳ないような気持ちでいっぱいでした。

ようやく、冬の選手権大会の準決勝から保護者の観戦ができることになりました。ご父母はとても喜んでいたのですが、対応はなかなか大変でした。試合当日の二週間前から、観戦を希望する保護者に体温を計り記録してもらわなければならず、一日でも記録を忘れてしまったらもう試合を見ることができない仕組みでした。厳しい条件だったにもかかわらず、桐光学園の高校サッカー部では記録に不備がある保護者はいませんでした。保護者同士で呼びかけを行うなど、普段からの連携が活かされた結果だと思います。

ＯＢのプロ選手から届いたマスクと励ましの言葉

桐光学園サッカー部は、中村俊輔選手をはじめ多くのプロ選手を輩出しています。今年はコロナの影響で外部からのスカウトに制限がかかっていたので心配していたんですが、三年生一人と、大学生と社会人のＯＢ二人がプロに進んでくれました。二年生からもU-18日本代表のキャンプに呼ばれる選手が出ています。こういった実績は他の選手にとっても大きな希望になっていると思います。

休校中には、すでにプロで活躍しているＯＢの選手たちからのプレゼントもありました。ここ数年で卒業した選手たちの何名かが、動画でメッセージを送ってくれました。小川航基選手は「僕たちも練習できなくて大変だけど、限られた高校生活でサッカーができないみんなも本当につらいだろう。だけど今できることを精一杯、一緒に頑張っていこう」といったメッセージを届けてくれました。ＯＢの選手たちは当時不足していたマスクを大量に学校に寄付してくれたこともありました。メッセージもマスクも本当にありがたかったです。

彼らの高校時代を見ていた私たちとしてはＯＢの選手たちの成長に感動もありました。現役部員たちにとっても、憧れの先輩からの応援は大きな励みになったはずです。近いところにいる監督や教員、友達だけではなく、こういったプロ選手たちも自分たちのことを気にかけてくれているという心強さは、メンタルケアの面から見てもとてもプラスになったと思います。

今年残念だったのは、二〇二一年二月の「三年生を送る会」ができなかったことです。毎年ホテルの宴会場を借り、保護者はもちろん理事長や校長などの来賓の方をお呼びして、会を開いています。その会の中で卒業する三年生には一人ずつコメントを言ってもらうのですが、これが毎年本当に見事です。広い会場で大勢の人を前にして一人でマイクの前に立ち、感謝の言葉や後輩へのメッセージなどを堂々と述べる姿はとても十八歳とは思えません。卒業する選手たちはカンペも見ずに話すので感心してしまいます。

来年こそはまた、「三年生を送る会」で立派に成長した三年生の姿を見たいですね。

きれいごとでは部員の気持ちの整理がつかない。

塩脇政治（しおわき・せいじ）
二〇二〇年度中学一年生副担任。担当教科は保健体育。高校硬式野球部部長。桐光学園高等学校卒業後、日本体育大学を経て母校に帰る。

「試合はいつやるんですか？」に答えられない

体育の場合は、どこまでやっていいのかという区切りが非常に難しい。

ソーシャルディスタンスを保とうとするとできることが本当に限られてしまって、実施する種目やその内容を普段とはガラッと変えざるを得ませんでした。例えば、マット運動や跳び箱。一枚のマットで複数人が回転をすると、同じところに顔や手がついてしまい危険です。跳び箱もみんな同じところに手をつく。どちらも一回一回消毒していたらびしょびしょになってしまうので、それもできない。なので、予定していた学期始めの実施は見送り、年度の後半の方にずらしました。

種目の中で実施する内容を変えたのは、武道や球技です。武道の試合は二人でくっつかないとできません。なので試合はせず、受け身や素振りなどの個人練習をしました。球技も最初は試合はできませんでした。ひとつのボールを多数の生徒が触るのは心配だし、試合中にはどうしても大きな声も出さないといけないので。かわりに、一人一人でシュートやドリブルの技術を磨く時間にあてました。生徒から「試合はいつやるんですか？」と聞かれたりもしましたが、「しばらくはできない」と答えるしかありませんでした。

とはいえ、カリキュラムでやらないといけないことは決まっているので、全部が全部やらないというわけにはいきません。こういう状況でも、カリキュラムはすぐに変えられるものではないので、そのせめぎ合いでとても苦労しました。

　文部科学省が行っている新体力テストについては、今年は実施しなくてよいという通達が県からありました。新体力テストというのは、毎年四月に五十メートル走や握力測定、ハンドボール投げなどを行って記録をとり、去年と比べて自分の運動能力がどのくらい変わったかを知るテストです。その機会がなくなったことを残念に思っている生徒もいましたが、休校で授業の日数が減ったこともあり、実施は断念せざるを得ませんでした。

　体育も休校中には課題を出しました。例えば、縄跳びの跳び方の動画を教員が撮って配信し、それを見ながら各自で練習しておくという課題。他には、自分で三十分くらいでできるトレーニングのメニューを考えて、レポートにまとめて提出してもらったりもしました。あまり外に出られないときだったので、家の中や庭などのちょっとしたスペースでできる課題を工夫して出しました。

ブランクが怖い

　六月から登校が再開しましたが、休校の三ヶ月間で生徒の体がどう変化しているか予測がつかないのが怖かったです。それだけブランクが空いての授業というのが初めてだったので、未知のことばかりでした。急に激しく動くと怪我につながりますから、正直おっかなびっくりという感じで注意深く様子をみながら授業を進めました。ストレッチの時間はかなり多めにとりました。生徒たちは思い切り動きたがるので、そこをなんとかおさえながらの授業でした。

他にも細かい工夫を行いました。例えば、ホイッスルの電子化。教員がホイッスルを吹くことで飛沫が出て危険ということで、体育科の教員全員が電子ホイッスルを使うことになりました。他には、体操着の上から被るゼッケンの着まわしを禁止にしました。これまでゼッケンは体育倉庫に置いてあって、何回か使った後に洗っていました。今は各教員がゼッケンを保管し、一回使うごとにすぐ洗うようにしています。

マスクについては、はじめは体育の時間も必ず全員つけるようにと言っていました。しかし、夏が近づいて熱中症の危険が出てくる中で、国のガイドラインも変わってきたので、運動中苦しかったら外してもいいよと言えるようになりました。二〇二一年度はまた状況も変わってきました。それぞれの事情もあるので「外せ」とはもちろん言わず、熱中症には気をつけるようにと特に注意して声をかけました。

二〇二〇年度は休校の影響で、例年は夏休みとなる八月にも授業がありました。八月の体育は特に熱中症対策を徹底しました。とても暑い日は、プールに入れると一番いいのですが、二〇二〇年度は水泳の授業はできませんでした。学校側に許可を取った上で授業時間を少し短縮したり、あまりに気温が高い日は授業内容を変えて熱中症に関するビデオを見せたりしました。

体育科としては、体育大会が中止になったのも大きな出来事です。本校は生徒が中高合わせて約三千人もいて、さらに保護者が応援に来るとなるとすごい人数になりますから、中止の判断はしかたがなかったと思います。二〇二一年は、保護者が見に来るのは難しくても、せめて生徒たちだけででもやらせてあげたいですが、どうなるかわかりません。

野球部員の気持ちはきれいごとでは整理がつかない

私は野球部の顧問でもあります。野球部も休校中は活動できませんでした。その間、キャプテンなど幹部の部員とはオンラインで何回かミーティングをしました。監督は一人ずつに電話をかけて様子を聞いたりもしました。部員同士でも、キャプテンから「朝早く起きるように」と声かけをしたり、お互いに「ここのバッティングセンターはストライクがよく入るよ」といった情報交換をしたり、コミュニケーションは盛んにとっていたみたいです。野球部のGoogle Classroomでは、毎日その日にやったトレーニング内容を部員全員に書いてもらっていましたが、実際にその通りしっかり自主トレーニングをしているのかどうかは、もう信じるしかありませんでした。でも練習が再開したときにみんな体はよく動いていたし、すごく体重が増えてしまった生徒はいなかったので、ちゃんとやってくれてたんだなとわかりました。それはうれしかったです。

体育の授業と同じように、部活も最初は徐々に体を戻していくことから始めました。一週目は軽く体を動かすだけ、二週目から少しずつスパイクを履かせるといった感じで、普段通りの練習に戻すまでには一ヶ月以上かかりました。密を避けるために再開当初は人数も制限していて、まずは三年生だけで練習を始めました。

春と夏の大会が中止になり、モチベーションの維持が大変でした。顧問としては「長いスパンで考えよう。高校野球が最後じゃないよ」と言うしかありませんでした。でもそんなきれいごとでは部員の気持ちは整理がつかないことはわかっています。状況によって言い方を変えながら、一人一人と向き合いました。そんな中、夏の代替大会が開催されたことはせめてもの救いでした。

代替大会は、部員以外一切スタンドには入れない完全な無観客で行われました。観客がいない試合の雰囲気は、びっくりするくらい独特でした。その感覚の違いは想像を超えていました。具体的に起こった変化としては、足をつる選手がほとんどいなかった。観客の前で試合をすると、足をつる選手がすごく多いのです。緊張や暑さに加え、大歓声を受けて気持ちが高揚しすぎるからだと思います。でも今年はそれがなかった。あとは、打球音のすごさ。普段は応援の声にかき消されているけれど、高校野球の金属バットでの打球音っていうのはこんなに迫力があったんだと驚きました。

そういった新鮮さがあったとはいえ、やはり無観客試合はさびしいです。高校野球では、応援の力によってドラマが生まれます。大きな点差をつけられていたチームが最終回で逆転したりとか。そういうときって、実際にその場にいた人にしかわからないんですが、球場の雰囲気がガラッと変わってしまうんです。今年はそれがなかった。よく言えば本当の実力勝負ができたということなのかもしれないですが、やっぱりさびしかったです。観客あってのスポーツなんだということを改めて感じました。

追いかけっこが微笑ましく感じた

うれしかったのは、生徒がこの状況をしっかり理解してくれていることです。何かできないことがあってもこちらから説明すれば、素直に受け止めて納得してくれる。中一から高三まで学年を問わず、みんなコロナ禍について自分で考えてしっかりと受け止めている。

本校の生徒はすごいなと改めて思う一年でした。気をつけないといけないことが多いので、教員としてはどうしても生徒に注意をする場面が増えてしまうんです。文句を言いたい気持ちが当然出てくると思うんですが、みんなその気持ちを自分の中でしっかり処理できていると感じます。

特に中学生は、暇があれば体を動かしたい時期です。例年、休み時間に追いかけっこをしたりして、着ているのが制服なのかどうかわからないくらい汚れるまで遊んでいますが、今年は我慢しています。本当に感心します。

しかし、二〇二一年の一月頃から、先生の目を盗みながら休み時間に走り回っているのをたまに見かけるようになり微笑ましく感じました。当然であったその光景が一刻も早く完全にもどってほしいと願います。

二月まで、剣道部はかなり上り調子でした。

渡邉修（わたなべ・おさむ）
二〇二〇年度高校一年生担任。担当教科は英語。剣道部顧問。

こんなに苦しいのかと驚いた

二〇二〇年の二月まで、剣道部はかなり上り調子でした。

そこへ突然の休校、そして緊急事態宣言です。稽古も大会も遠征も合宿も歓送迎会も全てが一気になくなり、流れがブツッと切れてしまった。これはとても残念でした。もう一度立て直すもなにも、学校も休校だし、大会も次々と中止が発表されるし、全く予定が立てられない。この先どうすればいいのかと、はじめは戸惑うばかりでした。

しかし、ただ混乱してばかりいるわけにもいきません。三月に入ってから、稽古が再開したときのための対策を考え始めました。剣道は大きな声を出したり、相手と接近したりすることが多い競技なので、再開したとしてもマスクは必須だと思いました。そこで、不織布やウレタンなど様々な素材のマスクを試して、どれが安全でかつ競技に影響が出にくいのかといったことを検討していきました。そうこうしているうちに、剣道専用のマスクやマウスガードといったものが市販されるようになり、全日本剣道連盟からもマスクなどの対策についてガイドラインが出されました。

ガイドラインによると、マスクをつけてその上から防具の面を被るだけでなく、面の方にもマウスガードをつけて二重の防御をすることになっています。マウスガードは、面金《めんがね》（面前部の金属部分）の内側にプラスチック製の板をはめ込むものです。この装備で稽古や試合を行うとなると、心肺にかなりの負荷がかかるだろうと予想できました。剣道の防具をつけて動くのはただでさえ苦しいものなので、マスクやマウスガードで口が塞がれていればなおさらです。

そこで、稽古を再開する前に自分で検証を行わなければと思いました。命にも関わってくることなので、体感してからでないと生徒にはとてもやらせることはできません。仲間と数人で私の所属している道場を借りて、ガイドラインに則った装備で体にどれくらいの負荷がかかるのか試しました。素振りから始めて試合も行ったのですが、負荷はかなり高かったです。はじめは「こんなに苦しいのか」と驚きましたが、しばらくすると慣れてきたので、部員にも少しずつ慣れさせる形でやってもらえば大丈夫だと判断しました。その他にも、消毒液を品不足の中なんとか探して確保するなど、再開に向けて五月中には一通りの準備をしました。

休校中は部活動は一切できなかったので、部員とはオンラインでコミュニケーションをとっていました。Google Classroomで剣道部のルームを作って、連絡事項を発信したり、トレーニングのメニューを紹介したり。部員にもGoogle Classroomを使って毎日の記録をつけてもらいました。素振りやランニングなどのトレーニング内容だけでなく、勉強のこともあわせて、毎日どんな計画を立てて実行したかを書いてもらいました。

本当に本当に悔しかっただろう

部活動を再開したのは六月半ばです。

まずは防具をつけずにジャージで素振りなどのトレーニングから始めました。休校中もそれぞれ自分で体を動かしていたとはいえ、普段通り稽古していたときと比べれば体力も落ちているでしょうし、自主トレーニングの量には個人差もありますから、まずは体を戻すところからです。一週間ほどジャージでトレーニングをし、次の一週間は剣道着を着て、それから防具をつけてと、少しずつ段階的に普段の稽古に戻していきました。

大会は、秋頃まで全て中止になりました。二〇二〇年三月末の全国大会がまず中止。例年だといろいろな大学が行うオープン大会などもありますが、それも二〇二〇年は一切なくなりました。各大会の中止が発表されたタイミングで、三年生とは特によく話をしました。もちろん残念な思いはあるだろうけれど、これはもうしかたがないと。剣道は、年齢性別を問わず長く続けられるという競技特性があります。それも踏まえて、いつかまた思い切り剣道ができるときが来るから、今は我慢してしっかりできることをやろうと話しました。

実際のところを言えば、剣道をやっている中学生や高校生の一番の目的は、やはり大会で勝つことだと思うのです。けれど、剣道ならではの、一生鍛錬を続けていけるという面にも目を向けてほしいと思ってそう話をしました。三年生には次のこと、つまり進路に早めに意識を向けていこうと促しました。入試に向けた毎日の勉強はもちろん、例えば検定試験を受けるなど、例年通り稽古がある状態では難しいことも今ならできると。実際に英検の二級を取得して、それが進路につながった部員もいました。

九月頃からは、大会も徐々に開催されるようになりました。ただ、この時期だともう新人戦になるので、三年生は最後まで大会に出られないまま高校での活動に区切りをつけることになってしまいました。本当に本当に悔しかっただろうと思いますが、部員たちは我々が思っているほど落胆することもなく、前向きに頑張ってくれたのでありがたかったです。

大会は無観客で行われました。

写真と動画で思い出をつくる

剣道部は保護者との連携が強く、教員と保護者で力を合わせて生徒たちを伸ばしていく伝統があります。大会には多くの保護者が応援に来てくださいますし、合宿にもお手伝いに来ていただいています。特に歓送迎会は、部員だけではなく保護者もみなさん集まって盛大に行っています。しかし今年は、そういったことが全てできませんでした。保護者との関わりは例年の十分の一かそれ以下だったという感覚です。

ただ、ひとつだけ部員と保護者の思い出となるような機会を持つことができました。あるカメラマンの方からお話を頂いて、稽古の風景を写真と動画で撮っていただきました。大会も中止になり、普段通りの活動もできなかった部員たちのために、何か形に残るものを残してあげたいという意味でした。このときには三年生の保護者にも見学に来ていただいて、稽古や試合の様子を見ていただきました。最後には保護者も含めて全員で記念撮影をして、とてもいい思い出になったと思います。この日撮影した稽古の様子は、『剣道時代』という雑誌にも載せていただきました。

この一年間、特に休校中は、自分自身のことを深く考える時間になりました。剣道部の顧問になってからこれまでずっと、勉強しなければならないことも多くてがむしゃらにやってきました。今回時間ができたことで一度立ち止まって、これから剣道部がどうなっていくべきなのか、そのために自分がどうしたらいいのかを考えることができました。つらいことがたくさんあった一年でしたが、そういう意味ではいい機会だったと思うようにしています。

四月になれば、また新入部員の勧誘が始まります。もちろん部の活動内容の紹介もしていきますが、剣道部での活動を通してどんなことを身につけていってほしいかを伝えられるといいなと思っています。これからも何が起こるかわからないし、今までよりも不測の事態が多い世の中になっていくでしょう。そんな状況に対応する力を身につけていけるような剣道部にしたいと思っています。競技実績ももちろん大事ですが、それだけではないのです。

学校生活の中でも部活動というのは、一番濃い経験ができる場だと思います。教室での経験だけでは得られないものがいっぱいあるんですよね。

中学校もそうですが特に高校はその後の一生の土台を決めるような時期なので、卒業後も活きる経験を剣道部で積んでもらいたいなと思います。

リモート合唱プラットフォームの提供する「歌声タイムカプセル」に参加しました。

上田武夫（うえだ・たけお）
二〇二〇年度中学一年生担任。担当教科は音楽。合唱部顧問。

かわいそうでかわいそうで

二〇二〇年の三月は、合唱部にとって夢のような一ヶ月になる予定でした。

まず初旬に東京交響楽団とのベートーベン第九演奏会に出演し、そのすぐ後には学校行事の芸術鑑賞の中で東京混声合唱団と共演することが決まっていました。下旬には定期演奏会があり、そしてその数日後からはウィーン、ザルツブルクへの演奏旅行に出発。演奏旅行ではシュテファン大聖堂のミサでの合唱やウィーン少年合唱団との交流などを計画していました。二〇一九年のＮＨＫ全国学校音楽コンクール全国大会への初出場を経て、合唱部としては一番脂が乗り切りつつある時期でもありました。「この子たちはこれからもっとすごくなるぞ」と期待していた矢先、新型コロナウイルスの感染拡大とそれに伴う休校により、これらの予定は全てなくなりました。

中でも定期演奏会は一年間の活動の証しのような公演。毎年、作曲家に委嘱した新作組曲の発表やミュージカルの上演など、アンコールも含めると約二十曲、二時間半の演奏会です。この公演に向けて、準備は前年の五月頃から行っていました。部員全員にとって大切な公演であることは言うまでもないのですが、なんといっても仮引退する高校二年生にとってはこれまでの集大成となる演奏会です。

中学一年生で入部した生徒は五年の間あこがれの先輩たちの背中を見ながら自分たちの番が

来るのを楽しみにしてきました。それくらい本当に特別な公演なんです。ですから、中止の決定をする前には高校二年生を全員集めていろいろと話し合いました。でもやっぱり最終的には私が中止の決定をしなければならない。決定を伝えたときには泣き崩れてしまう子たちもいました。そのときの苦しみやつらさは今思い出しても胸が締め付けられます。本当にかわいそうでかわいそうで、でもどうしようもない。どこにも責任の持っていきようがない。

発表の場も普段の練習も、とにかく全てがなくなってしまった。目の前にあったものが全部消えて、何ができるのか考えても何もない。無力感でいっぱいでした。私自身ももちろん悔しいですが、私はまだ次の年もあると思えばなんとか耐えられる。でもその年が最後という子たちのことを考えると本当につらかったです。

目標ができた

休校中は部活動も停止。そこで、以前作った体操の動画を部員に送り、部員たちはそれを見ながら日々体を動かしました。しなやかな声を出すには体の柔軟性や体幹の強さがとても重要です。また、夏のコンクールに向け楽譜から作家の意図や作詞家の想いを読み取ることも部員たちはやっていたようです。

結局夏のコンクールは中止になりました。実は中止が発表される前から、今年は辞退した方がいいのではないかと考え始めていました。というのも、コンクールが開催されるとしても感染リスクのある中では満足な練習ができませんし、それに対してのストレスがきっと出てくると思ったからです。当時は感染状況にかなり地域差があったので、感染者が少ない地域と多い地域で練習環境にも差が出てくる。そういった状況に部員たちが焦りを抱えるのも避けたいと思いました。もちろん部員たちが納得するかどうかはわかりませんでしたが。

六月の分散登校を経て七月に全体登校が始まり、その頃から部活が再開されました。しかし、一回九十分で週三回までという制限の中、思い通りに練習はできません。通常は、体操、呼吸のトレーニング、発声練習、パート練習、そして全体合唱をするというように、二時間から四時間の練習メニューを組んでいます。それが全て合わせて一時間半ですから、なかなか思うようにはなりません。

さらに、マスクをつけての歌唱練習によっていつのまにか無表情で色彩の感じられない声や表現になってしまったのです。このように練習に制約が多く、コンクールという目標も失われ、部員のモチベーションは下がっていました。

そんな中、希望が持てるような出来事がいくつかありました。ひとつ目は、ＫＤＤＩが提供する「新音楽視聴体験　音のＶＲ」を使ったライブ配信です。桐光学園を含むいくつかの学校の合唱部の映像と歌声に合わせて、東京芸術劇場で東京混声合唱団が合唱を行い、その模様がライブ配信されました。多くのスタッフが来校しての取材撮影は、部員にとっては久しぶりの刺激的な体験となりました。その後も、リモート合唱プラットフォーム「tuttii（トゥッティ）」を提供している「Harmorearth（ハモラス）」というチームが立ち上げた「合唱部応援プロジェクト」の一環である「歌声タイムカプセル」に参加させていただきました。いくつかのパートに分かれて録音したものは「tuttii」を用いて編集され合唱曲として完成しました。この曲とは、中止となったNHK全国学校音楽コンクール高校部門の課題曲で、他校合唱部の曲とともに一枚のCDになりました。「tuttii」のHPでは現在も合唱部の演奏を鑑賞できます。

　これらのお話を頂いたことは非常に大きな救いになりました。先の見えない中、思うような活動のできない生徒たちのことをたくさんの方に気にかけていただき、演奏の機会を作ってくださったことに部員も私もとても感謝しています。

歌声タイムカプセル
で制作されたCD

高校三年生も一緒にステージに

昨年は中止となった定期演奏会が、二〇二一年三月二十二日に開催できることになりました。合唱部の保護者だけを対象にし、たった五曲だけのミニコンサートではありますがようやくステージに立つことができます。今年度のメンバーは例年なら年間八回ほどあるコンサートホールでの演奏機会が全くなかったのです。数日後に、ホームグラウンドとも言える昭和音楽大学テアトロ・ジーリオ・ショウワで演奏できることは本当に幸せなことです。

しかも今回は、例年自由参加となる高校三年生が全員参加して、現役の部員と一緒に三曲歌うことになっています。昨年定期演奏会が中止になってしまった学年の部員がここでようやく締めくくりの演奏をすることができます。通常通りとはいきませんが、現役部員にとっても高校三年生にとってもこれまでの活動の証しを残す場を作れたことにはほっとしています。

ようやく開催できる定期演奏会の他にも合唱部としてうれしいことがありました。それは声楽（独唱）コンクールで何人もの部員がすばらしい成績を残してくれたことです。全国日本学生音楽コンクール、東京国際声楽コンクール、日本クラシック音楽コンクール、全日本ジュニアクラシック音楽コンクール、これら全てのコンクールにおいて全国大会一位または二位を受賞しました。

二〇二一年三月末には受賞者演奏会があり、オーケストラをバックに二人が演奏します。この二人は東京藝術大学の声楽科への進学が決まっています。また七月には中学生がサントリーホールのブルーローズ（小ホール）で開催される受賞者演奏会に出演します。全国レベルの上級生の音楽に接することは、下級生にも大きな刺激となっているようです。

二〇二二年のコンクール日程は全て決まっています。四月になったらまず、新入部員の勧誘です。新入部員の獲得からはじまり夏のコンクールを当面の目標として「今できること」を部員たちと考えながら活動したいと思います。

茶道は「飲食を伴う部活動」。

玉川香織（たまがわ・かおり）
二〇二〇年度中学二年生担任。担当教科は英語。茶道部顧問。茶室でのゆったりとした時間が好き。

飲食のない茶道部

お茶は普通、亭主が点ててお客様にお出しするものですが、二〇二〇年度は自分で触ったものしか飲まないという方式にしています。亭主役は普段通りお点前をした後、点てたお茶を自分で飲みます。お客様役は最初から自分の前にお茶碗を用意して、自分で点てて飲むようにしています。

茶道は「飲食を伴う部活動」ということで、ひとつひとつの場面でかなり気を遣っています。最初に全員手を洗って、係の子がゴム手袋をしてお道具を配置し、そこから各自自分の使うものを取っていきます。その後、密にならないように散らばってお稽古を開始。終わった後は使ったものをそれぞれ洗い桶の中に返して、教員が全て熱湯消毒しています。

茶道部の活動場所は建築家である理事長が設計した茶室です。躙口《にじりぐち》のある小間とふたつの広間、茶庭も備えた本格的なものです。学校の茶道部でこれほどの設備が整っているところはほとんどないと思います。活動は週に一回で、外部からお茶の先生をお招きしてお稽古をしていただいています。学校の教員と生徒との関係とは違い、外部から先生がいらっしゃることでお稽古に必要なほどよい緊張感を保てているのではないかと思います。

二〇二〇年三月からの休校中は茶道部も他の部と同じように活動を休止していました。登校が始まった六月から再開の許可が出たのですが、その時点では普段通りのお稽古はまだできないと判断しました。ではどんな活動なら可能なのかとあれこれ考えた結果、最初は飲食を避けて講義から始めることにしました。お稽古はせずに座学で、茶道の歴史や、ひとつひとつの所作の意味、お道具やお菓子に込められた思いなどをお茶の先生に教えていただきました。これまでは実技でお稽古をしながら所作を覚えることに注力していたので、講義は新鮮な試みでした。始まる前は「生徒たちはお茶を楽しみにしているだろう」とがっかりする部員たちの姿を心配していましたが、いざ講義が始まってみると中には自ら資料を作成する生徒もいて、みんな興味津々で真剣に聞いていました。毎回講義終了後には質問も多く出ていて、もっと知りたいという部員たちの熱意を感じました。

　七月の活動は全て講義で、八月は手前のお稽古も再開しました。講義を受けた後では部員たちの姿勢がこれまでと全く違っていました。これまでは単に「ここで左を向いて、次は右を向いて」と覚えて動いていたのに対して、講義後は「ここではお客様に背を向けて、次は正面を向いて」と考えながら動くようになったのです。ひとつひとつの所作の意味を深く理解したことで自然と体が動いているのです。動きもモチベーションも本当に目に見えて変わりました。

　毎年十月には、お免状を頂く「相伝」という行事があります。昨年度までは先生のお点前を見ることで相伝を行っていましたが、今年は先生から「茶道の精神や知識を言葉で伝えることで相伝を行いたい」とのお申し出を頂きました。相伝の講義では普段学校ではできないようなお点前の知識も教えていただきました。今年、部員たちを見ていてお茶について学ぶことの重要さが非常によくわかったので、コロナの影響にかかわらず来年度以降も講義を実施していこうと先生と話しているところです。

引退前最後のお点前

普段、校舎の奥まった場所にある静かな茶室でお稽古をしている茶道部ですが、その成果を多くの方にお披露目することのできる年に一度の機会が輝緑祭（文化祭）です。輝緑祭で開くお茶会には、部員の保護者だけでなく一般のお客様もたくさん来てくださいます。部員全員にとって、この輝緑祭のお茶会は一年間のお稽古の最大の目標となる大イベントです。高校二年生はこのお茶会で亭主役を務め、それを最後に引退するのが通例ですので、特に強い思い入れがあります。

しかし、二〇二〇年はこの輝緑祭が中止になってしまいました。例年であれば年に数回、学校に海外からのお客様がいらっしゃったときにもお点前を披露する機会があるのですが、今年度はそれもありません。発表の場が一切なくなってしまったのです。

そこで、十二月に高校二年生の保護者のみを対象にお茶会を開くことにしました。一斉にお呼びすることはできないので、一日に二組、入れ替わりで三十分ずつ来ていただいて、高校二年生が亭主となり自分の保護者をお迎えする形にしました。七人いる高校二年生全員の保護者が来てくださり、みなさん自分のお子さんのお稽古の集大成となるお点前をじっと食い入るように見つめていらっしゃいました。お点前が終わった後は部員と保護者にお茶の先生も交えて、思い出話に花が咲いていました。「輝緑祭がなくなってもう見られないかと思っていたのでうれしい」「多くの方が訪れる輝緑祭よりもゆったりとくつろぐことができた」と、保護者からは大変好評でした。保護者だけでなく、高校二年生の部員たちもこのお茶会の開催が決まったときはものすごくよろこんでいました。やはり、目標があるのとないのとではお稽古の身の入り方が違います。

　このお茶会が終わった後、すばらしい生徒たちだなと思う出来事がありました。

　高校二年生が全員で、後輩と私たち顧問に向かって感謝の言葉を伝えてくれたのです。二〇二〇年度は活動時間が九十分に制限されているので、十月十一月は高校二年生を優先して先生に見てもらっていました。それに伴って先生に見てもらえる時間が減ってしまった後輩に対して「私たちのために自分の稽古の時間を割いてくれてありがとうございました」と、そして私たちに対しては「発表の機会を準備してくださりありがとうございました」と言ってくれたのです。「輝緑祭がなくなったんだから、代わりがあって当然だ」と思ってもおかしくないのにそう思わず、関わったみんなに感謝し、それをしっかりと伝えてくれました。高校二年生たちからこんな言葉が出てくると思っていなかったので、感心し、感動で胸が詰まりました。

お茶もお菓子もなくても

中止になった輝緑祭の代わりに、生徒会も「クラブ総合祭」というものを企画してくれました。これは各クラブ活動の様子を動画で発表する企画で、お話を頂いてすぐに部員全員で参加を決めました。高校二年生が中心になって普段のお稽古の様子を撮影し、編集してナレーションを付け、見事な動画を作ってくれました。普段はこういった形で活動を記録することはないのですが、二〇二〇年はこれを機に一年間のお稽古が形として残ったことで、部員たちの絆がより一層深まったような気がします。

動画ではお稽古の映像だけでなく、お茶の心を表す「和敬清寂」という言葉の紹介もしています。この言葉については七月の講義で学びました。講義の内容を素直に吸収して、さらに実際にお稽古をしていく中で、この言葉の意味を心から納得したのだと思います。だからこそ、他の人にも伝えたいと思ったのでしょう。部員たちは、茶道を通して人をもてなすことの本質を学んでいってくれていると思います。

「作法をたくさん覚える」のではなく、「相手を思えば自然と全ての所作が決まってくるんだ」と。それを普段の生活にも活かしていってほしいです。

実際のところ、茶道部って「お茶を飲んでお菓子を食べて、おしゃべりしながらのんびりできる部活」というイメージで入ってきた子も多いと思います。でも今年度は、最初は講義でお茶もお菓子もありませんでしたし、お稽古が始まってからも感染対策のためおしゃべりはほとんどできず、普段ほどアットホームな雰囲気ではありませんでした。それでも毎回欠席者がほとんどいませんでした。

みんなただ「癒しの場」を求めて集まっているだけではなくて、本当に茶道そのものをしっかり学びたいんだなとわかってうれしかったですね。それと同時に、生徒にとって部活って学校生活の中でも大きな割合を占める大事なものなんだなということも再認識しました。「感染対策が難しいからクラブ活動はなし」と言うのは簡単ですが、なんとか工夫してやってきてよかったなと思います。

二〇二一年度は、もし輝緑祭がなかったとしても、保護者向けのお茶会だけは必ずまた開きたいです。やはり日々お稽古しているのは誰かをおもてなししたいからなので、ぜひその機会は作ってあげたいです。お稽古だけではなくて、実際にお客様をもてなして、心と心のつながりを感じてほしいと思います。

会うことだけが
すべてじゃない

おしゃべり禁止!

誰も悪くないって思ってます。

佐伯静琉（さえき・しずる）
二〇二〇年度中学二年生。電子工学部所属。趣味は競技プログラミング。好きな科目は数学。

画面越しで雑談は難しい問題

最初に部活のことを話します。僕は電子工学部に所属していますが、休校中もオンラインで部活動を続けることができました。電子工学部では、ウェブサイトの制作、グラフィックソフトを利用したＣＧ制作など、部員によって様々なことをやっていて、基本的にパソコンを使った活動をしています。もともとみんなオンラインには強いです。Slackというチャットツールを使ってコミュニケーションをとったり、zoomを使ってミーティングをしたりと、普段とそれほど変わらない活動ができました。

普段は部室に集まって作業していたのですが、部室がそれほど広くないので五十人近い部員が集まるとどうしても密になってしまいます。今でも部室には集まれず、オンライン上での活動が続いてます。不便を感じることはあまりないのですが、さびしさはすごく感じます。同じ場所にいて会話しているというその事実が、何よりも大事だったんだと気づきました。声は知っているのに顔を知らない先輩がいたりもします。zoomで通話をしていて画面共有をすることはあっても、カメラをオンにすることはあまりないんです。顔が映っているとちょっと恥ずかしかったりもするので、みんなカメラはだいたいオフにしています。

電子工学部でSlackを使い始めたのは二〇一九年の十一月頃で、はじめは部室での活動の補助として使っていました。それがコロナ禍に入ってから活発化したという感じです。Slackには、質問や連絡のやりとりをする場所の他に雑談のチャンネルもあって、部活に関係あることもないことも自由に書き込んでいます。オンラインのコミュニケーションでは、必要なことを話すだけになってしまいがちなので、積極的に雑談もしていこうと。情報共有も活発で、「こんな新しいツールがあるよ」「これ便利だよ」とウェブページのリンクを貼ってお互いに紹介し合っています。リンクを共有できるのはオンラインの強みですよね。

僕が電子工学部に入ったきっかけは、二〇一九年の輝緑祭（文化祭）で作品展示を見たことです。でも二〇二〇年は輝緑祭が中止になってしまい、学校全体に活動を発表する初めての機会になるはずだったので、とても残念でした。そのかわり、今年は部誌の作成に特に力を入れました。部誌は毎年発行しているのですが、輝緑祭がなかったぶん、一年間の活動の成果を文章のかたちで残そうと、みんな例年以上に張り切っていました。僕は競技プログラミングをやっているので、競技プログラミングがどんなものか初めて知る人にもわかるように紹介する文章を書きました。

家族が近く感じた休校期間

二〇二〇年三月の休校が決まったときは、終わりが決まっていない休みの感覚がまずわからないので、不安が大きかったです。一番に心配したのは勉強のことです。学校での授業がないとなると、自分で進んで学習しなければいけません。どういうふうに学習していったらいいんだろうと最初の頃は悩みました。実際は、学校から出された課題をやることから始めて、その中で理解が不十分だと感じた部分をさらに自分で学習することで、徐々にペースをつかんでいきました。

休校によって後期の期末試験がなくなったことも残念でした。試験に向けて一生懸命勉強していたところだったので、急に目標がなくなってしまって悲しかったです。それだけではなく、そのときの試験範囲について自分がどれくらい理解できているかを試験結果を見て確認することができなくなったのも不安でした。

休校中のオンラインを利用した授業に関しては、質問が少ししにくかったです。質問ができる仕組みはあったのですが、テキストで送るとなるとちょっとためらってしまって。でも、誰かがした質問への回答が全員に共有されるのはとても便利でした。自分で質問するほどではないなと思っていた小さな疑問が、共有された回答によって解決されて理解がより深まることもありました。事前に先生が作成した映像を見るかたちでの授業もあったのですが、見るタイミングが難しかったですね。僕には小学校低学年の妹がいて、家で僕が映像を見始めると気になって近づいてきてしまうんです。妹が一緒に見ているとなかなか授業に集中できなくて困りました。でも妹も小学校が休校になっていてつまらないだろうし、追い払うのもかわいそうで。

両親もリモート勤務などが多くなり、休校中は家族全員で過ごす時間が増えました。学習の状況を家族に話すようになったことで、見てくれている、知ってくれている人がいるという心強さがありました。一人で黙々と進めるよりも、安心して学習できたと思います。学校で友達や先生に会うこともできず、人との関わりが希薄になっているときだからこそ、家族の存在は特にありがたく感じました。

休校中も、学校がある日と同じ時間には起きて、早朝の人のいない公園で運動していました。体育の授業や通学で体を動かすことがなくなったので、運動不足が気になって。その日課があったので、生活リズムが崩れることはなかったですね。

ギスギスした空気を感じる

二〇二〇年六月に登校が再開し、はじめは友達や先生とひさしぶりに会えるよろこびが大きかったのですが、それからしばらく経った九月か十月あたりから、クラスの雰囲気に少しこれまでと違うものを感じ始めました。本当に感覚の問題で、うまく言葉にできないのですが、なんとなくギスギスした感じというか。特に揉め事が起こったりするわけではないのですが、ちょっと会話しているときなんかに空気で感じるんです。行きたい場所に行けなかったり、いろいろな行事が中止になったり、そういうことのストレスがその頃になって出始めたのかなと思います。

そんな言葉にならないような雰囲気を変えるというのは難しいですが、せめて自分は棘を出さないようにしようと思いながら過ごしました。今はその頃よりは雰囲気はよくなりましたが、まだ少し残っているものがあるような気がします。

二〇二一年心配しているのは行事についてです。中学校の中で最高学年になるので、行事において後輩をリードしていく立場になります。いろいろな役職についたり、後輩を引っ張っていかないといけない。でも僕たちは中一のときにしか行事を経験していないので、中二として中三の先輩の活躍を近くで見る機会もなく、いきなり最高学年になってしまう。特に体育大会は中学校と高校別々での開催なので、最高学年としてしっかりやれるのか不安に思っています。

この一年を通して思ったのは、変化に適応する力がこれからの社会でよりいっそう求められるんじゃないかということです。今後も気候変動や食糧難など、地球は様々な問題を抱えていくと思います。その中で社会を引っ張っていくのが僕たちの世代です。桐光学園には、生徒と先生が一緒になって作った「TOKO SDGs」というものがあります。国連で採択されたSDGs（持続可能な開発目標）をもとに、自分たちで身近に考えられる十七のテーマとそれに紐づく百七十の問いを作りました。例えばひとつ目のテーマは「『生』・『死』について考えてみよう」で、その下には「死の怖さについて考えてみよう」「生きがいについて考えてみよう」「尊厳死・安楽死・脳死について考えてみよう」といった問いが並んでいます。他のテーマには「『境界』について考えてみよう」、そこに紐づく問いには「国境について考えてみよう」「正常と異常の境界について考えてみよう」「未知と既知との関係について考えてみよう」といったものがあります。このような具体的な百七十の問いの中から生徒は自分でひとつを選んで、調べたり考えたりしながらレポートを作ります。世界にはどんな問題があって、どんな変化があって、それらを解決したり適応したりするにはどうすればいいのかを学び考えていくことが、これから非常に大事になっていくのかなと思います。

僕がいつも大事にしたいと思っているのは、前向きに捉えることです。変化に対しては前向きに捉えないと適応が難しくなってしまう部分があるので、この厳しい状況下においてもとにかく「自分に今何ができるんだろう」と考えることが大事なんじゃないかと思っています。誰にも文句は言えない、誰も悪くないので。

ヘロヘロになりながら職員室に戻ると全国一斉休校。対策は全部ゼロからやり直し。

田丸愼司（たまる・しんじ）生活指導部長。担当教科は国語。演劇部顧問。全国中学校文化連盟理事。神奈川県私立中学校文化連盟事務局長。演劇脚本を多数執筆。

危機管理が私の仕事

私が部長を務める生活指導部は、生徒会、文化祭、生活規定、防災対策、安全管理、カウンセリング、保健衛生、施設管理、クラブ活動全般、警察や消防、町内会等の地域対応など、広範囲の校務を担当しています。その校務のひとつに危機管理があります。他のセクションと連携して、非常時の対応を策定し、実施していく仕事です。

例えば、東日本大震災のときも、当日授業はありませんでしたが、クラブ活動などで登校した生徒が校内に七百人ほどいました。発災とともに危機管理室を立ち上げ、翌日に全生徒を帰宅させるまで、初期対応にあたりました。このときも地震、津波、原発事故が起きたあとは、徐々に収束に向かって対応をしました。通常の危機管理は、収束への対応です。ですから、問題をひとつひとつ解決していけば、やがてゴールにたどり着きます。ところがコロナは、収束どころか、今現在も新たな問題が次々と拡大しています。この点がこれまでのものとは全く違います。ゴールが見えないことへの戸惑いの連続です。

当初は、正直ちょっと甘く見ていたところがありました。その理由のひとつは、二〇〇九年に新型インフルエンザが流行したときに無事乗り越えられたという経験がありました。今回も同じような対応をすれば大丈夫と考えていました。

本校には、運営委員会という組織があり、法人、学校幹部が定期的に集まり、学校運営の重要案件を検討、決定しています。コロナ対応もこの会議で方針決定が行われ、各セクションが詳細を検討し、実施しています。二〇二〇年二月下旬の当時の安倍首相による全国一斉休校の要請のときも、すぐに対応を協議して対処しました。記者会見寸前まで、定例の会議をしていて、ヘロヘロになりながら職員室にもどると全国一斉休校。その決定が一瞬にして吹っ飛んだというハプニングにもめげず、すぐに軌道修正をして対応策を立案できたのは、日頃のこうした体制が効果的だったと言えます。もちろん細部では意見対立もありますが、「建学のこころ」「校風」というものが常に共有できていることが、私学の強みだと感じました。

生徒や保護者に向けては、校長から文書の形で学校の対応に関する説明や感染対策への協力のお願いについて何度も発信しました。中でも、二〇二〇年五月十五日の開校記念日に出されたものが印象的です。私塾として創設された約半世紀前から桐光学園が大切にしている「生徒と教師が真正面から向かい合う」という精神が、この状況への対応の方針に繋がっているという内容でした。これによって大きな道筋というかブレない軸が示されたことが、その後の大きな支えになりました。

私は生活指導部長として「自己管理先生」を自称しています。私とセットで自己管理ということを覚えてもらって意識してもらえればと思っています。二〇二〇年に入ってから、「自己管理先生のつぶやき」というタイトルで生徒に向けた文書を何度か配信しました。「自己管理」という言葉には、何事に対しても能動的な姿勢であって欲しいという考えが込められています。

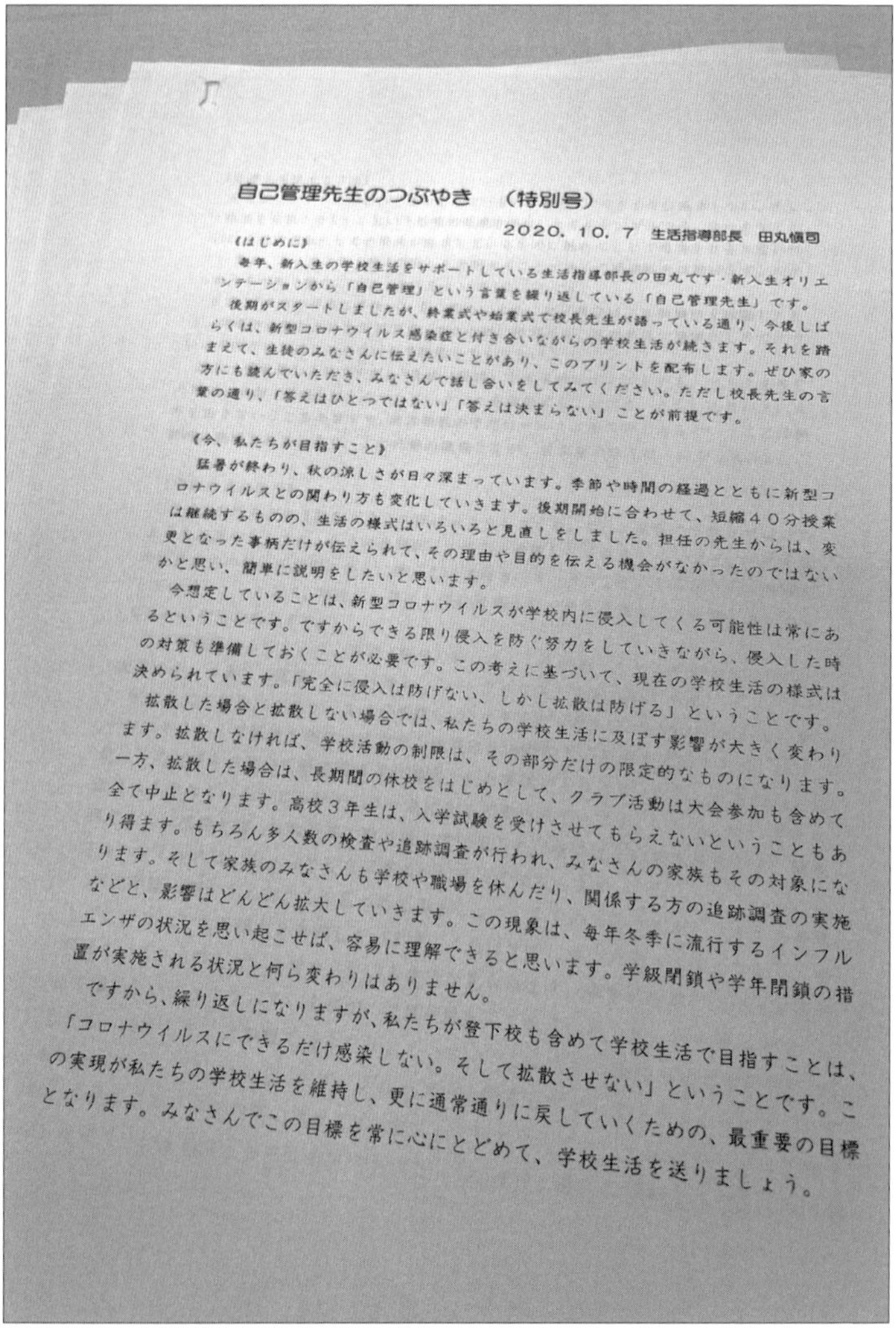

自己管理先生のつぶやき　（特別号）

2020．10．7　生活指導部長　田丸愼司

《はじめに》

毎年、新入生の学校生活をサポートしている生活指導部長の田丸です・新入生オリエンテーションから「自己管理」という言葉を繰り返している「自己管理先生」です。

後期がスタートしましたが、終業式や始業式で校長先生が語っている通り、今後しばらくは、新型コロナウイルス感染症と付き合いながらの学校生活が続きます。それを踏まえて、生徒のみなさんに伝えたいことがあり、このプリントを配布します。ぜひ家の方にも読んでいただき、みなさんで話し合いをしてみてください。ただし校長先生の言葉の通り、「答えはひとつではない」「答えは決まらない」ことが前提です。

《今、私たちが目指すこと》

猛暑が終わり、秋の涼しさが日々深まっています。季節や時間の経過とともに新型コロナウイルスとの関わり方も変化していきます。後期開始に合わせて、短縮４０分授業は継続するものの、生活の様式はいろいろと見直しをしました。担任の先生からは、変更となった事柄だけが伝えられて、その理由や目的を伝える機会がなかったのではないかと思い、簡単に説明をしたいと思います。

今想定していることは、新型コロナウイルスが学校内に侵入してくる可能性は常にあるということです。ですからできる限り侵入を防ぐ努力をしていきながら、侵入した時の対策も準備しておくことが必要です。この考えに基づいて、現在の学校生活の様式は決められています。「完全に侵入は防げない、しかし拡散は防げる」ということです。

拡散した場合と拡散しない場合では、私たちの学校生活に及ぼす影響が大きく変わります。拡散しなければ、学校活動の制限は、その部分だけの限定的なものになります。一方、拡散した場合は、長期間の休校をはじめとして、クラブ活動は大会参加も含めて全て中止となります。高校３年生は、入学試験を受けさせてもらえないということもあり得ます。もちろん多人数の検査や追跡調査が行われ、みなさんの家族もその対象になります。そして家族のみなさんも学校や職場を休んだり、関係する方の追跡調査の実施などと、影響はどんどん拡大していきます。この現象は、毎年冬季に流行するインフルエンザの状況を思い起こせば、容易に理解できると思います。学級閉鎖や学年閉鎖の措置が実施される状況と何ら変わりはありません。

ですから、繰り返しになりますが、私たちが登下校も含めて学校生活で目指すことは、「コロナウイルスにできるだけ感染しない。そして拡散させない」ということです。この実現が私たちの学校生活を維持し、更に通常通りに戻していくための、最重要の目標となります。みなさんでこの目標を常に心にとどめて、学校生活を送りましょう。

「自己管理先生のつぶやき」実際の文書

コロナによる数々の制約もマイナスでとらえるだけでなく、自己管理力を鍛える機会にして欲しいと考えました。希望進路を実現する生徒たちの共通点は、自分で学習を中心とした生活リズムを維持しているところです。そのことを生徒や保護者に伝えようと努めました。

具体的には、行事もほとんどが中止という状況ではあるけれども、学校生活を楽しもう、そのために発想を豊かにして工夫しようという呼びかけもしました。呼びかけとしてもうひとつ強調したのは、ストレスを感じたときにはすぐに声をあげてほしいということ。家族でも友達でも先生でも誰でも構わないし、専門の相談機関もある。とにかく助けを求めてほしい。この状況下で心身が疲れるのは当たり前のことだから、隠したり遠慮したりする必要はないんだよと何度も伝えました。

クラブ活動の苦難

大きな変化があったのは部活動です。部員が集まってする活動をいったん全て止めなければならなかった。大会も次々と中止になりました。特に運動部で顕著だと思いますが、一度活動を止めると筋力も技術も落ちてしまいます。また、クラブ推薦で大学進学を考えている生徒やプロを目指す生徒もいます。部活動の休止は卒業後の進路にも関わってくる重大な問題です。「自主トレ、自主練をしておけ」と生徒に丸投げするわけにはいかないので、各部内で連絡を密に取って、練習メニューの共有などを行ってもらいました。生徒からも顧問からも学校に来て活動したいという声が大きかったですし、私もできるならそうさせてあげたいと思いながら、でも安全面を考えるとそういうわけにはいかない。そのせめぎあいが苦しかったです。

二〇二一年度になり、新入生への部活動紹介をどうするかという問題もありました。例年なら、新年度が始まってすぐ新入生歓迎会が開かれ、そこで部活紹介をします。新入生にいかにいい印象を与えて興味をもってもらうか、各部活動でかなり工夫を凝らしてプレゼンします。でも今年は生徒を一か所に集めてそういった会を開けない。そこで、学校が再開された六月に昼食の時間を使って校内放送で部活紹介をしました。各部の代表が放送室からプレゼンをしました。感染防止のため今は食事中に生徒同士でおしゃべりができないので、それならば耳を貸してもらおうということになりました。これは新入生に好評でした。部員たちもなかなか普段の活動ができない中で、プレゼンというひとつの目標ができたということで一生懸命準備していました。

部活紹介の後、新入生の入部が徐々に増えていきました。最終的には部活動への加入率は九割程度と、例年とほぼ変わりませんでした。ただ、どの部にどれくらい入部するかという人の流れは例年と少し違っていました。一番影響を受けたのは音楽系のクラブです。当時、歌うことや演奏することがなかなか難しい状況だったからか、新入部員はかなり減りました。本来なら歓迎会や入学式で新入生に歌や演奏を聴いてもらう機会があるのですが、それがなかったことも影響したのかもしれません。逆に新入部員が増えたのは、バドミントンなどラケットを使う部です。コロナの影響かどうかはわかりませんが、同じボールを共有したり体の接触があったりする競技に対して抵抗を感じた生徒もいたのかもしれません。

生徒のいない桜

教員の研修などでもよく出てくるのですが、「生活指導のさしすせそ」というものがあります。「さ」は「最悪の状況を常に想定して」、「し」は「慎重に」、「す」は「素早く」、「せ」は「誠意を持って」、「そ」は「相談して」。これがまさにコロナへの対応に関しても活きてくることばかりでした。

特に「さ」の「最悪の状況を常に想定して」は、リスク管理の面で一番重要なことです。教員や生徒から「こうしたい」と要望が出てきたとき、私の役割としてはリスクを考えてストップをかけなければならないことが多くなります。でもリスクばかりを強調するわけにはいかず、ある程度やらないといけないこともあります。そういったリスク管理にはとても苦労しましたが、最悪の状況を想定することを忘れずにいつも対応してきました。

あとは「す」の「素早く」。私はもともと根がせっかちで、何か問題が起きると早く解決したいと思う性格です。未解決のまま放っておけなくて。その日のことはその日のうちに、一日では片付かないにしても方針だけは立ててから帰るということを普段からやっていました。その即時性というのは、コロナ対策においては役立ったと思います。

　二〇二〇年のよかったことは、自分自身にとっての桐光学園の魅力を再確認できたことです。それは教員集団です。私自身三十年以上勤務して、途中離職を考えたことがなかったといえば嘘になりますが、これまで続けてきたのは、お互いの個性をわかり合っている教員集団が、日々一緒に活動していることの居心地のよさだと思います。前述の運営委員会のメンバーも、教頭、国際部長、進路指導部長は私と採用同期です。教務部長も採用年は異なりますが、同い年です。長年培った以心伝心の関係が、コロナの課題に一緒に立ち向かっているという感覚を抱かせてくれています。その感覚を、教職員全体でも日々感じることが多くあります。平常時では当たり前で自覚しなかったこの感覚を、非常時に改めて確認することができました。休校期間中は、職員室で思い出話を多く語り合いました。もちろんディスタンスを保ちながらですが。

　余談ですが、私は、学校演劇の指導者として、全国の演劇部員に脚本を提供しています。「桜」をモチーフにした作品が多いのですが、休校期間中に印象に残った光景があります。校内には桜の木が点在しています。例年ならば、卒業式や入学式のときにその桜の下で親子が記念写真を撮る姿があります。しかし今年はその姿がありませんでした。それでも桜は今年も満開に咲きました。さびしいような頼もしいような気持ちになり、写真を一枚撮りました。今は、満開の桜の木の下に、一日も早く、笑顔の生徒たちが戻ってくることを願っています。

授業形式

授業はハイブリッド型になりました。

今井雅也（いまい・まさや）副校長。担当教科は社会科。一九八五年から桐光学園勤務。教務部長、入試対策部長、教頭を経て二〇一九年より現職。

生徒のことを考えて真剣に悩んでいたんです

私は桐光学園に勤務して三十六年になりますが、その中でコロナ禍による休校は一番大変な出来事でした。生徒がこんなに長期間登校できなかった経験はもちろん初めてです。

新型コロナウイルスの感染が広まってからとにかく変更や新しく決めることばかりで、さまざまな種類の会議を何回も何時間も行いました。学校運営の最終決定をし、私も出席する運営委員会。教科間の情報共有と調整を行う教科長会。学年間の情報共有と調整をおこなう学年主任会。校務分掌ごとの部会。教科ごとの教科会。学年ごとの学年会もあります。

会議の設定や予定の調整は私の仕事です。まず、教員全員が学校に来てしまうと密になってしまうので、時差出勤を考えました。職員室に全員集まるのはまずいかもしれない。そこで会議の場所も検討しました。感染防止にどう対処すべきかいまは段々わかってきていますが、二〇二〇年三月時点ではほとんど何もわからない状況だったのです。細心の注意を払いすぎるほど払って、それでも全体の緊張感は尋常ではありません。

会議は順序も重要でした。教科長会が先がいいのか、学年主任会が先がいいのか。運営委員会をどこで入れて、意見をどう吸収して全体に反映させていくのか。状況は刻々と変わるので予定も刻々と変わりました。一回決めたからといってその決定がいつまでも有効なわけではないのです。不確定なことが多すぎて何時間やっても時間が足りないと感じました。

内容がリンクしているため、通常別々におこなわれる学年主任会と教科長会を合同でやる場面もありました。そのときは特に様々な意見が出ました。会議ではそれぞれの教員が学年や教科を代表し統率している立場です。自分の意見だけでなく、こんな意見があるということも責任を持って伝えたいと考えている。「この場で言っておかなければならない」。そんなそれぞれの思いを感じました。だから、意見が激しくぶつかり合う場にもなりました。

自分たちでいちから作ってきた学校

休校が決まってから、教員の意見や悩みを聞く機会が多くありました。特にＩＣＴに関しての調整が一番大変でした。「私立の他校ではリモートをもっと積極的に取り入れている。もう少し積極的にならないのか」という意見と、一方で「生徒の側のネット環境を配慮するべき」という意見も出ました。二〇二〇年五月頃は、双方向型のリモート授業が一番いいという風潮もありました。当時は高校生だけがChromebookを持っていて、中学生は持っていませんでした。そのような状況では、生徒が家庭でパソコンを使える時間が限られることも十分想定されました。

ある意味どの意見も正しく、誰かが間違っているのではなくて、みんなそれぞれの見方や正しさがある。生徒のことを考えて真剣に悩んでいたのです。学校のためを思っている。みんな間違っていないなかで、どこをどう選んで進むのか難しい問題です。

結果として、課題と授業の動画をGoogle Classroomで配信し、ホームルームなどの全体の情報の共有や心のケアの部分はGoogle Meetなどをつかって顔を見ながらやっていきました。生徒にとって負担を最小限にして、一番メリットがあることは何か。教員にも持続可能な選択肢を選びたいと思いました。そのように考えに考えを重ねて行き着いた授業です。結果的にハイブリッド型になりました。まだコロナ禍は続いていますが、いまとなってみてバランスとして悪くなかったのではないかと思っています。また、教員のＩＣＴの技術も飛躍的にあがりました。今では当たり前にGoogleドライブを使い、スライドで授業の教材を作れる。これはコロナ禍での劇的な変化のひとつです。

私は開校八年目の一九八五年に桐光学園に来ました。私が来たときは　七、八十人の教員がいる男子校でした。ベテランの教員も何人かはいましたが、あとは二十代、三十代がメインです。その頃いた先生方は学校が好きで、自分たちでいちから学校を作ってきた気持ちがあると思います。これはどうなっているの?と試行錯誤しながら作ってきました。今教員は二百名程度いますが、答えがないことに対していちから試行錯誤する流れは残っているように感じます。「もしかしたらそうじゃないかもしれない」と思うこともたくさんあったと思います。考えはいろいろあるけれど、決めたことをみんなしっかりとやっていく。そういう体制が桐光学園の良いところだと思います。

生徒に勉強以外のことも少しでも経験してほしい

学校とはどういうものなのか、今回改めて見えてきました。学校は勉強をしに来るだけの場所ではないと思います。学習とともに行事やクラブでできている。その三つのうちのふたつをまともにできなくなっている。だから生徒はほんとうにつらい。教員も同じです。行事で生徒と山に登ったり、修学旅行でカナダや京都へ行ったりするなかで関係が深まって楽しい話ができたりするのに。教室で勉強だけする関係になってしまう。しかもマスクで顔もよく見えません。でも、生徒たちはほんとうによく考えて行動しています。昼に教室をのぞくとみんな前を向いて黙ってお昼を食べている。生徒たちの意識の高さを感じます。保護者の学校に対する理解にもとても助けられました。

少しずつ変わっていくこともあります。二〇二〇年度は保護者を一切入れることのできない入学式でしたが、二〇二一年度四月の入学式は保護者も学校に来ていただくことができました。中学校一年生が校外学習に出られたり、行事もそうなのですが、どう対応すべきか少しずつみえてきた。

いまの目標は行事を新しい形でやっていくことです。生徒に勉強以外のことも少しでも経験してほしい。体育大会もそうだし、文化祭もそう。宿泊行事も形を変えてでも経験させてあげたい。

今後もしばらくは、感染状況に応じた対応を迫られることになると思います。一日も早くコロナが収まり、以前のような学校生活に戻れることを期待したいです。

自宅学習

不安もあったけど、自分と向き合う時間ができました。

高松弘喜（たかまつ・こうき）
二〇二〇年度中学三年生。弦楽部所属。得意な科目は数学。趣味はＪ-ＰＯＰを聴くこと。

休校になって嬉しかったのは一瞬だけ

休校が決まったと聞いたときは、単純に「やった、休みだ」と思いました。クラスでも喜んでいる人が多かったです。でもしばらくして冷静になってみると、学校がなくなるというのは大変なことだと思い始めました。授業がないということは自分で勉強していかないといけないことになる。それに、授業だけではなくて部活もなくなり、友達と会うこともなくなる。嬉しかったのは一瞬だけでした。

僕は弦楽部に所属しています。ヴァイオリンやチェロなどの弦楽器を演奏する部活です。弦楽部では毎年三月に定期演奏会を開催しているのですが、二〇二〇年は中止になりました。僕はまだ中三なので高校に上がってからもチャンスがありますが、前回の定期演奏会を最後に引退する予定だった高二の先輩たちはとても悲しそうでした。定期演奏会が中止になったことで、世の中が大変なことになっているんだなという実感がより一層強まりました。

休校が始まってすぐの二〇二〇年三月は、あまり勉強もせず遊んでばかりいました。休校もそんなに長くは続かないだろうと思っていたからです。でも四月になっても休校は続きました。さすがにそろそろ勉強しないとまずいと思って気持ちを切り替え、一日六時間くらい勉強しました。新年度になったばかりの今、しっかり勉強しておけば周りに差をつけることができるという思いもありました。数学は特に力を入れて、問題集を買ってひたすら問題を解きました。

もともと数学が得意だったわけではなかったのですが、やっているうちにだんだん受験のためというより数学自体が楽しくなってきて、気づいたら得意になっていました。

休校期間中の勉強の成果が出て、学校が始まっても授業でやる内容はだいたいわかっていました。友達に教えることも増えましたね。学校の勉強のペースに左右されず、自分のペースで勉強できたので、休校中の学習については意外とポジティブな印象です。

休校明け、最初は分散登校でした。出席番号が偶数の人と奇数の人で曜日ごとに分かれての登校だったので、半分しかクラスメイトがわからない状況です。しかもみんなマスクをしているので顔と名前を覚えるのに苦労しました。密になっちゃいけないし、会話もなるべくしちゃいけない。自己紹介は分散登校ではじめに行ったときにしましたが、全体に対してはたぶんしていないかもしれません。前期が終わる頃になってやっとクラスの全員の顔と名前がわかるようになりました。

学校行事がほとんどなくなったのも悲しいというか、嫌でした。自分にとっては中三って一回しかないわけじゃないですか。今のクラスのメンバーと共に過ごす「青春」みたいなものが失われるっていうのは自分じゃどうしようもないことで、それがつらかったです。

先が見えない中での定期演奏会の準備

弦楽部で僕はヴァイオリンをやっています。ヴァイオリンは五歳から始めました。弦楽部の部員は約四十人で、全員弦楽器を弾き弦楽四重奏などのアンサンブルで演奏します。休校中は部活はできず、登校が再開してからも活動日数や時間が制限されました。いつも来ていただいている外部コーチの先生も来られなくなりました。

　例年九月に輝緑祭という文化祭があるのですが、二〇二〇年は中止になりました。文化系の部活にとっては前期の集大成を発表する大事な機会なので、なくなったのはショックでした。十月からは三月の定期演奏会の準備に入りましたが、定期演奏会が本当にあるのかどうかわからず先が見えない中での練習だったので、モチベーションがなかなか上がらないところもありました。定期演奏会直前の春休みは例年ならほぼ毎日午前午後と練習があるのですが、今年は週三回、しかも一日一時間半、その後は三時間に制限されました。練習時間が足りないという焦りもありつつ、定期演奏会が開催されるのかどうかわからない状態もずっと続いていて、練習に集中するのはなかなか難しかったです。定期演奏会の開催が正式に決まったのは本番の一、二週間前でした。結果的に開催できてよかったですが、次回はもっと落ち着いてしっかり準備して臨みたいなという気持ちがあります。

　学校行事は全てなくなりました。僕が特に残念だったのは合唱コンクールがなくなったことです。合唱コンクールでは毎年クラスごとに課題曲を決めて練習し、本番は学校外の大きなホールで歌います。僕は立候補して指揮者になっていました。指揮者は練習をいつどうやってするかなどを決めるときにも中心になるので、合唱だけでなくてクラスの指揮者と言えるかもしれません。練習はパートごとに日を分けて行ったのですが、僕は平日はほぼ毎日指揮をしていました。最初に比べてだんだん完成してきたなと思い始めた頃に中止が発表されました。覚悟はしていましたがやっぱりつらかったですね。

　コロナ禍で印象に残っている風景を挙げるなら、昼休みにお弁当を食べるときにみんなが前を見て食べているところですね。会話がない。静かすぎるので、担任の先生がそこに音楽を流します。流れる音楽は先生の趣味でクラシックです。なんだか変わった風景でした。昼休みもそうですが、今年一年は音楽をよく聴くようになりました。

　僕はそんなにコロナ禍の空気に流されずに一年過ごせたかなと思います。自分を豊かにする時間が増えた一年だった気がします。休校にならなかったら今のように勉強する習慣もつかなかったかもしれないし、ヴァイオリンを弾くことも以前より増えました。部活と別に受けている週一回のレッスンのための練習も、以前はサボることもありましたが今年はほぼ毎日やりました。意外といいことも多かったなと思えています。

体育大会なし、
文化祭なし、
修学旅行なし

中三と高三の卒業アルバムに載せる写真が足りなかったんです。

上野幸子（うえの・さちこ）総務部長。二〇二〇年度中学二年生副担任。担当教科は国語（現代文）。教務部、生活指導部を経て長く入試対策部に所属。

一本の電話から始まった非常事態

二〇二〇年二月二十八日、私は京都にいました。

七月に実施する中学二年生のサマースクールの下見のためです。同行者は全員マスク着用でしたが、コロナの脅威についてはまだそれほどピンと来ていない時期です。前日の二十七日には「全国一斉休校の要請が行われる見通し」とのニュースがでたところでした。

「休校要請とはいっても、三月一日からの後期期末試験が終わってからだろう」と、京都を走るタクシーの中で同僚と話していたまさにそのとき、電話が鳴りました。「三月一日から休校します」。まさか、と虚を衝かれた思いでした。この休校の決定によって、期末試験だけではなく、総務部が担当する卒業式、新入生オリエンテーション、入学式、そしてサマースクールや修学旅行などの宿泊行事、さらには父母会活動、制服販売や食堂などの業者対応等すべてが新しい対応を迫られることになりました。

まず、五月末に実施予定だった高校二年生のカナダへの修学旅行の中止が決まりました。生徒たちも覚悟はしていたようでしたが、中高六年間の中でも一番のビッグイベントの中止はさぞ悲しかっただろうと思います。その次に中止が決まったのは、七月上旬に予定されていた中学生のサマースクールです。私は今中二の副担任をしているので、中学生の反応はダイレクトに感じました。生徒たちと「今年はもうどこにも行けないんですか?」「うーん、冬のスキースクールは行けるといいね」という会話を何度したことか。その度に胸が痛みました。

　高二の修学旅行はなんとか代替行事を用意しようと学年の先生方や旅行会社と調整を重ねました。まず秋に九州への研修旅行を計画したのですが、六百人近い生徒の宿を確保するのは難しく、まだまだ落ち着かない社会状況も相まってやむなく中止としました。オフシーズンの冬なら宿は確保できるという話も上がりましたが、冬の実施は新型コロナウイルス感染症とインフルエンザの流行とのダブルパンチになる可能性もあり、状況の良化も見られずまた中止。最後に二〇二一年三月に関東近辺での日帰り研修を予定していましたが、直前で緊急事態宣言が延長され予定していた日にかかってしまったため、これも実施できま

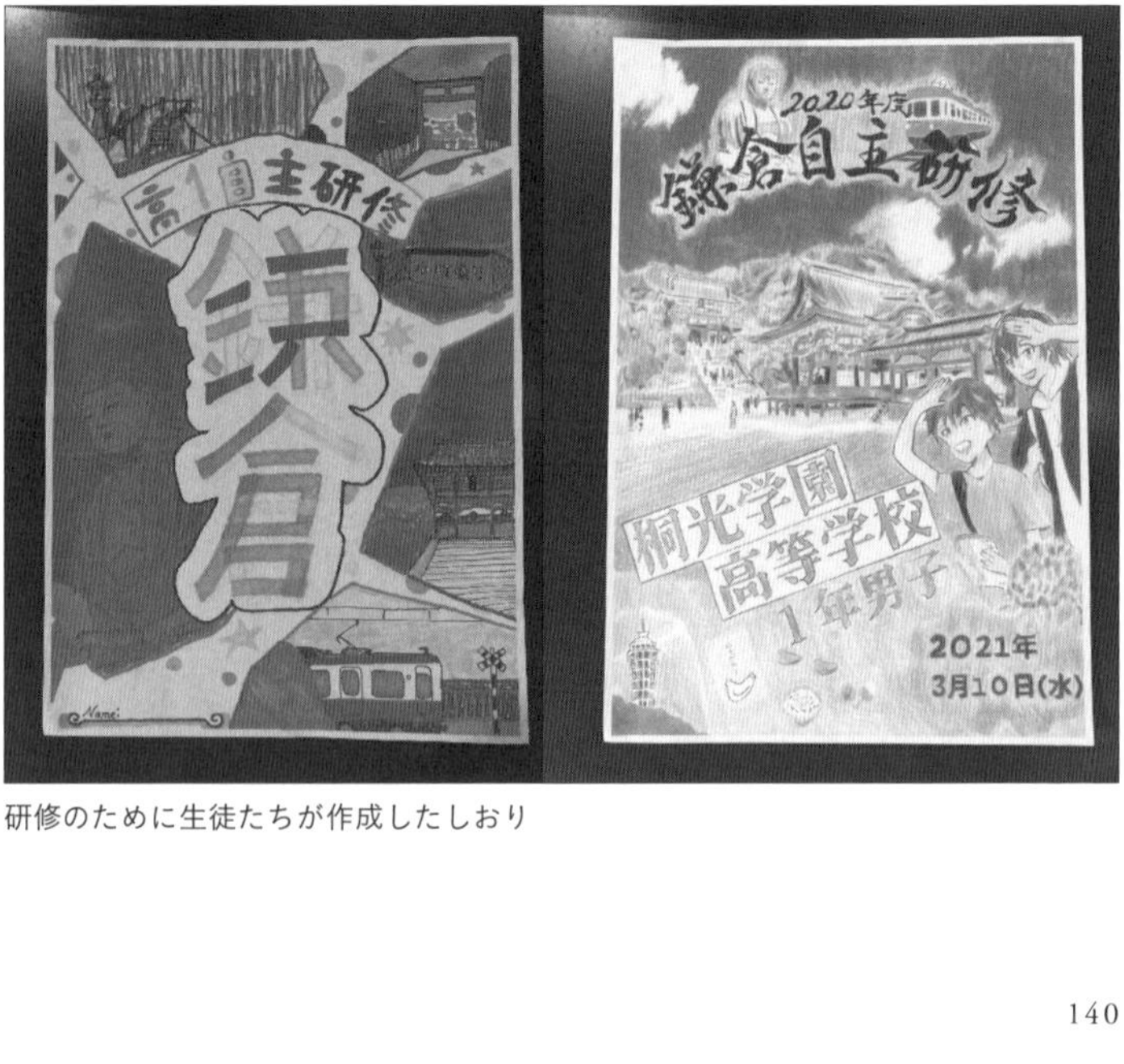

研修のために生徒たちが作成したしおり

せんでした。三月の日帰り研修は、学年ごとに行き先を分けて中学高校の全学年が行く予定になっていました。中止が決まったのは実施の一週間前で、急遽代わりに学校内でできるイベントを考えることとなりました。結局高校生は何もできず、中学生はドッジボール大会を開きました。そしてこれが二〇二〇年度唯一の学校行事となりました。

行事が中止になる度に、私のところには先生方からなんとか代替行事をしてあげたいという声が上がってきました。

「子どもたちは勉強ばかりでかなり参っています。何かできませんか？」「学年が変わる前に、今のクラスで何か思い出作りをさせてあげたい」「友達との時間の共有を経験させたい」

私も同じ思いでした。結局ほとんどなにも実現できず、生徒のことを思うと本当につらいというか……。三月の日帰り研修は生徒たちもとても楽しみにしていて、立候補した生徒が研修ごとに作成するしおりの表紙を描いてくれました。これがどれもすごく凝っていて見事なできで、たった一日の研修をどれだけ楽しみにしていたかがものすごく伝わってきました。いろいろと苦労はありましたがとにかく生徒がかわいそうでした。

卒業アルバムの写真がない

行事がなくなったことで、思いがけないところにも影響が出ました。今年の中三と高三の卒業アルバムに載せる写真が足りなかったんです。これはアルバムを作り始めてから初めて気づいたことでした。

例年なら「三年生の思い出」のページに載るはずの体育大会や輝緑祭（文化祭）、サマースクール、スキースクール、合唱コンクールなどの写真が全然ないのです。普段なら選ばれないような写真もかき集めてなんとか例年より何ページか少ない程度にすることができました。各クラスのページには、教室や部活での普段の様子を写した写真がたくさん載っています。後々アルバムを見返したとき、行事の写真がないこと自体が記録になって当時を思い出すということになるかもしれませんね。来年ももし行事がなくてもアルバムを作るときにあわてないように、普段から意識して各学年で写真を撮っておいてもらおうと思います。

二〇一九年度の卒業式と二〇二〇年度の入学式は校内放送で行いました。生徒たちは教室にいて、保護者の来校はありませんでした。卒業式を放送で行うというのが本番の数日前に決まって、式次第ももう発注して印刷も終わっていたので、実際の式の内容はかなり変わってしまったんですが、「本当はこういう式になる予定でした」ということでそのまま配付しました。カットせざるを得ない項目が多くて、三十分弱で終わるあっけない式になってしまいました。卒業生には本当に申し訳ないというか、もちろん誰が悪いというわけでもないんですが、やりきれない思いがあります。

二〇二一年三月に二〇二〇年度の卒業式があり、今回は二十周年記念アリーナで行うことができました。でもやはり通常通りとはいかないところが多くて。例年は卒業証書授与のときに一人一人名前を呼んで「はい」と返事をして起立するのですが、今年は返事はせずに立つだけでした。校歌斉唱などの歌もなし。生徒が声を出すのは代表挨拶だけでした。保護者の来校もできなかったので、新しい取り組みとしてライブ配信を行いました。もうすぐ二〇二一年度の入学式がありますが、こちらも二十周年記念アリーナで行う予定です。ただし保護者の来校については高校生は見合わせ、中学生は生徒一人に対して一人のみとし卒業式と同じようにライブ配信を行います。卒業式や入学式を映像で生中継するなんて一昔前までは考えもしないようなことですから、ほんとにすごいことだなと思います。

通常がわからないまま非常時に

私が総務部長になったのは二〇一九年度からです。二年前初めてこの仕事について、一年目はわけもわからないまま周りに教えてもらいながらなんとかこなして、二年目に入ったらこのコロナ禍で。

もう全てがぐしゃぐしゃというか、通常の総務部のやっていることがまだわかりきる前に非常時の対応ばかりしなければならなくなった。「いつもこうだからじゃあ今年はこうしよう」の「いつも」がまだよくわかっていないので、ずっと混乱している状態でした。通常に戻ったらまた一から学び直しだなと思っています。教務部長の菊池と進路指導部長の武井も二年前に私と同じタイミングで就任しました。私も含め三人ともともと畑違いで、その部にいたことがない状態で部長になりました。三人で「二年目にいきなりこの非常事態はつらいね」とよく話していました。

　年度末の現在（二〇二一年三月）は輪をかけて忙しいです。入学式が控えていて、その後急遽保護者会も開くことになり、教職員の健康診断もある。全部総務部の担当です。ひとつ予定が変更になるといろんなことが重なってきて、どれをどの順番でやればいいのかもう訳がわからなくなります。

　総務とは関係なく自分のクラスの子たちの話になりますが、休校明けに「めんどくさいと思ってたけど、やっぱり学校がないとさびしい」「休みでラッキーと思ったのは最初だけだった」と言う子が圧倒的に多かったのは嬉しかったです。コロナ対策もみんなきちんと対応してくれて、それも嬉しかったですね。でも、行事もなくてお昼ごはんも静かに食べないといけなくて、子どもたちは本当に我慢してるなっていうのが見ていてわかりました。

　だから、学校に来たら楽しいことがあるんだと少しでも思ってほしくて、ホームルームは担任の先生と副担任の私で掛け合いをしながら楽しくやっていました。そうしたら年度の最後の感想に「ホームルームが楽しかった」って書いていた生徒が何人かいて。普段ならわざわざ楽しかったことにホームルームを挙げる子はなかなかいないと思うんですが、今年はそういう日常が大切な時間になった一年だったなと思います。

ワクチンも普及してきていますが、現状だと十六歳以上しか打てないんですよね。中学生は打てないし、高校一年生は打てる子と打てない子が出てくる。そういった中で来年度以降行事をどうしていくかまだ決められません。授業は新学期から五十分に戻りますし、少しずつ学校生活全体が平常時に近づいていくことになります。宿泊行事は難しくても、例えば文化祭の「輝緑祭」は来場者を生徒の家族に限定して行うとか、そういった形で実施できたらなと。

学校は体験する場で、オンラインでは得られないものがたくさんあります。なんとか来年は体験の場をできるだけ多く作ってあげたいと思います。

今回のコロナ禍で思い出されるのは、東日本大震災のことです。

齋藤比奈（さいとう・ひな）
公立中学校スクールカウンセラー、大学学生相談室を経て二〇〇二年から桐光学園に勤務。

ストレッサーから逃げられない

二〇二〇年三月から突然学校が休校になって、そこからはもう非日常的なことばかりでした。生徒たちと対面で話をすることがカウンセリング室の活動の基本です。普段であれば、予約をしてもらってカウンセリング室に生徒が来て相談を受けます。予約は保健室の先生や担任の先生、部活の先生などを通じてだったり、生徒が直接電話をくれたり。保護者と先に連絡を取り合ってから生徒が来室する場合もあります。しかしその対面での相談ができないとなると、いったいこれからカウンセラーはどんなふうに活動していったらいいのかと、色々なパターンを想定して考えを巡らせていました。一時期はメールや電話で相談を受けていましたが、六月中旬以降、対面でのカウンセリングを開始してみると、やはり対面でのカウンセリングに勝るものはないと感じました。また、今後はオンラインカウンセリングも視野に入れる必要性を強く感じました。

臨床心理士や公認心理師の業界でも、かなり危機感を抱いていて、さかんに情報交換が行われました。ただ、他の事例を見てもすべてこの学校で実践できることばかりではないので、取捨選択してどのくらい取り入れるのかが難しいところでした。

また、状況から誰も逃げられないのが今回の特徴です。というのも、通常、何か心理的な負担を感じたときに、その原因、つまりストレッサーを避ければよいのですが、コロナに関してはそうはいかない。逃げることができず、常に戦い続けないといけない。だから、不安、心配、怒りなどの感情が、普段健康な人であっても高まりやすい状況になっています。ましてや普段から物事を繊細に考えるタイプの人であればなおさらです。そういったことを背景に、例えば対人関係上の小さなトラブルなどは、大人の間でも子どもの間でも、あるいは家族の中でも増えてきているように思います。

休校中は、四月の中旬に生徒に教科書を送るのに合わせて、「カウンセリングルームだより」を発行。五月中旬には分散登校開始に向けて保護者向けの「カウンセリングルームだより」をオンラインで配信しました。四月に発行したものは、表が生徒向け、裏が保護者向けになっています。特に両方に書いたのが「メディアとの接し方について」です。休校や在宅勤務で家にいる時間が長くなると、テレビの情報番組などをついつい見続けてしまいがちです。日々状況が変わる中で情報を収集することは必要なのですが、不安を煽るような情報に長時間晒されていると知らず知らずのうちにストレスが蓄積してしまいます。心の負担を軽減するため、家庭で時間を決めて短時間で情報収集を済ませること、意識的に電話、タブレット、パソコンなどから離れる時間を作ること。会話の機会をもって子どもたちと情報共有をすることをおすすめしました。五月中旬にオンラインで配信した保護者向けの「カウンセリングルームだより」では、大人のこころの状態が子どものこころの状態に大きな影響を及ぼすこと、大人のセルフケアの大切さについてお伝えし、カウンセリングルームの案内も併せてしました。

東日本大震災の後の経験から

実は、なかなか学校に来られていなかった子たちからは、休校中は自分のペースで過ごせてかえって気が楽だったという声も聞きました。学校がないことで他の機関の利用もしやすくなって、それがいい方向につながった子もいました。登校が再開してからも、分散登校や短縮授業のおかげでなんとか頑張れるようになった子もいたんじゃないかと思います。

私たちは道徳の授業も担当するのですが、学校が再開してから初めての中一の授業はとても印象に残っています。とにかく静かなんです。ただでさえ新しい学校で緊張している時期にこの緊急事態ですから。反応が薄いというか、固まってしまっている感じでした。

例年ならグループディスカッションから始めてわいわいがやがやとにぎやかな雰囲気で授業が進んでいくのですが、今年は感染予防のためディスカッションができませんでした。代わりに一人一人で考えたことを発表してもらったのですが、こうやって自分とじっくり向き合って考えたり、その考えを発表したりする機会はコロナ禍で増えていると思います。よかったこととまでは言えませんが、コロナ禍の副産物のようなものと捉えています。

今回のコロナ禍で思い出されるのは、十年前、東日本大震災のときのことです。震災直後にも心の不調を感じる人が増えましたが、その後徐々に落ち着いて終わり、ではなかったようです。「心の健康について教育的配慮を必要とする児童生徒の数」や「心のケアに関するカウンセリングを受けた児童生徒数」は震災後四年が最も多かったという調査報告もあります。今回のコロナ禍においても、同じようなことが起こるのではないかと危惧しています。

今は混乱の渦中にあるので、ある意味興奮状態のような感じでストレスを感じづらくなっている人もいます。コロナ禍における保護者の在宅ワーク、兄弟姉妹の在宅でのオンライン授業による住環境の変化、保護者の経済状況の変化を経験した家庭が多いことは容易に推測することができます。家族間の問題は月日が経過するごとに深刻になる傾向もあります。ワクチンも開発されてこれから徐々に元の生活が戻ってくるのかなというところではありますが、私たちの立場としてはまだまだ安心はできないと思っています。

メンタルケア

ストレスマネジメントに関する情報をスライドにまとめて配信しました。

関努（せき・つとむ）
スクールカウンセラー。二〇〇〇年より勤務。

休校期間中、何ができるのだろうかと何度も自問しました。「カウンセリングという生徒や保護者の方と直接会う以外の手段で、カウンセラーにできることはなんだろう」と。考えて、「不安や悩みに対処するための知識や情報を発信することだ」と、まずは思い至りました。

世の中には情報があふれていて、何を見て何を信じればいいのかわからないことは不安の原因になります。間違った情報を信じてしまえば、必要以上に不安を煽られてしまいかねません。そんな状況の中でひとつのガイド役になれればと思い、「新型コロナウイルス感染症」や、そのストレス対処のための「ストレスマネジメント」に関する情報をスライドにまとめて配信することにしたのです。

心がけたのは、読んで知って終わりではなく、今後の生活のために具体的に役立つような内容にしようということです。例えば、『新型コロナウイルスの3つの顔を知ろう！～負のスパイラルを断ち切るために～』という日本赤十字社の資料に基づいて、「病気や症状そのもの」だけでなく「不安と恐れ」「嫌悪・偏見・差別」が心にも大きな影響を与えることを紹介しました。

また、ストレスマネジメントの考え方や、ストレスへの具体的な対処方法としての「呼吸法」や「筋弛緩法」といったリラックス法も紹介しています。スライドには、詳細な情報が得られるサイトにアクセスできるようにと、リンクも多数貼ってあります。もっと詳しく知りたいと思ったときに、そっちに進めるようにと。

コロナ禍は、もちろんないほうがよかったのですが、起きてしまった以上は、そこから「得られたもの」に注目することが困難を乗り切る上では役立つかもしれません。

何事においても「〝偉い人〟の言っていることを聞いていれば、とりあえず安心」という姿勢は、コロナ禍においては通用せず、「情報を取捨選択して、自分で考え抜く」ということがこれだけ必要とされるときは少ないのではないか。これは得られた気づきのひとつです。

もうひとつは、ネガティブとされるような感情を口に出して言いやすくなっていることです。自分だけがつらいわけじゃないと思えたり、人と「大変だね」と言い合う機会が増えたりしています。手放しでいいこととは言えないし言葉選びが難しいのですが、こういった空気に救われた人たちもいると思います。ネガティブな感情に社会が寛容になって、一人で抱え込まずに済むようになっていけばいいと思います。

今はまだ世の中全体に緊張感が漂っていて、ある意味、気持ちが浮き足立っている状態です。その分、感じるはずのストレスを感じられず抑え込んでしまっている場合もあります。通常の状態に戻った頃にどっと疲れが出たりすることもあるので、それには注意が必要ですね。

毎日検温

ごめんね、今ベッドは使えないんだ。

村上淑子（むらかみ・としこ）
女子棟保健室担当。桐光学園三十年目。
三橋樹理（みつはし・じゅり）
男子棟保健室担当。桐光学園十八年目。

三千人の健康診断

村上　コロナに対する危機感を持ち始めたのは、やっぱり他の先生たちより少し早かったかもしれないですね。休校の話が出るずいぶん前から、ちょっともう外食は控えようとか、大人数で集まるのはやめようとか、そういうことは意識していました。

三橋　学校の業務に関してだと、最初にコロナを意識したのは海外からの二〇二〇年の帰国生入試のとき。帰国生入試は一月の初旬なんですが、海外から受験しに来る方がいて。ご両親が「どうしたらいいですか」と相談してきてくださったので、入試対策部長と一緒に対応しました。いろいろとお話を伺った結果、その方については通常通り受けに来ていただいて大丈夫だということになりました。

村上　その頃はまだ海外で起きていることだっていうイメージが日本ではありましたよね。それが二〇二〇年二月頃から急に様子が変わってきて。三月一日の休校が始まる一週間前くらいからは、本当にもういよいよ大変だと、養護教諭同士で話し合うことが増えました。でもとにかく最初はわからないことばかりで。インターネットで検索してもどの情報が正確なのか判断するのも難しいし、自分たちがどう対応していったらいいかがもう全くわからない。まずは状況を把握するために、ひたすら情報探しに明け暮れていました。

三橋　「学校はどうなっちゃうんだろう」「体調不良者の対応はどうするべきなんだろう」「マスクも消毒液も手に入らないのにどうしたらいいんだろう」って、不安が山積みでした。他の学校の先生たちからも情報を得ながら、四人の養護教諭でずっと話し合っていましたね。あとは他の学校の養護教諭との情報交換も増えました。もともと川崎・横浜地区の学校でつながりがあって。

村上　うちの学校は四人いますけど、養護教諭って学校に一人だったりもするので、何かわからないことがあったときにお互い相談し合う体制がもともとできていたんですよね。普段からメーリングリストで質問を投げるとみんなが答えてくれたりとか。最近はGoogle Meetで通話をすることも多いです。ちょうど昨日も他校の先生たちとオンラインで、「コロナ対策、これが大変だったよね」「来年度もし宿泊行事ができることになったらどんなところに気をつけなきゃいけないかな」とか、話をしました。

三橋　そうやって話し合っている最中に休校が決まって、対策を実行する前に休みに入ってしまいました。休校中に何ができるんだろうと考えて、子どもたちとのつながりを切らないためにも、「保健だより」の発行を続けることにしました。毎回「どんな内容にしようか」「どう分担しようか」ってＬＩＮＥで四人で相談しながら作りましたね。内容は、学校が再開したときにどうコロナ対策をしていったらいいのかとか、生徒に向けた保健室の利用のしかたとか。特に新入生に対しては、学校の様子を少しでも伝えてできるだけ不安を和らげてあげたいという気持ちがありました。できたものはデータを各学年の先生に渡してGoogle Classroomを利用して配信してもらいました。

村上 それから、頭を悩ませたのが毎年四月に実施している健康診断のこと。四月に入っても休校が続いたので例年通りの日程では行うことができず、どうしたらいいのかと非常に混乱しました。健康診断は業者に入ってもらってやっているのですが、うちは約三千人生徒がいるので、もしキャンセル料がかかるとなるとすごく大きなお金が必要になってしまう。業者に問い合わせたところ一回だけは延期ができるとのことだったので、日付も決められないままとりあえず延期のお願いをしました。

三橋 それで実際に健康診断ができたのは、全体登校が始まった七月。健診項目も絞りました。マスクを外さないとできない歯科と耳鼻科の健診についてはこの状況下でやるべきなのか判断が難しく、リスクについてさんざん議論したのですが、結果として今年はやめることにしました。

村上　体育の授業を受けるために絶対必要な新入生の内科検診と心電図を優先して行い、それから二、三年生の健診を行いました。体育館で大勢集まること自体にリスクがあるので、身長と体重はクラスごとに体育の時間を借りて私たちで測りました。いつもは健康診断は一日でやるんですが、今年は全員終わるのに一ヶ月くらいかかりましたね。

常に「どうするか」

村上　学校が再開してからは、どう保健室を運営していくか、まず環境づくりに奔走しました。公文書などを頼りにしながら、ひとつひとつ細かい部分まで話し合って。

三橋　保健室に来た生徒の体調不良の原因が何なのか、普段以上に見極めが重要になってきますよね。症状を聞くだけではなかなか判断も難しい。もちろん熱がある子については慎重に対応しないといけないし。まずは保健室の入り口を仕切って導線を作って、入る前に熱を測ってもらうことにしました。熱があったら基本的には早退してもらうことにしたけれど、じゃあ何度を基準にするのかっていうのがまた難しい。三十七度五分を基準にしたところで、じゃあ三十七度四分の子はどうするのかという話になってくるので。そのあたりは症状とも考え合わせて柔軟に対応しました。

村上　これまでは体調不良の子はベッドで休ませていたけれど、この状況だと誰でも寝かせるわけにもいかない。「生理痛の子ならベッドを使ってもいい？」「貧血は？」「メンタル面で不調の子は？」とひとつずつ検討しました。寝るとなった場合も、ベッドの敷布団は一人が使った後毎回洗うことができないので、代わりに長椅子で寝てもらいました。長椅子は使った後にすぐ拭いて消毒することができますから。タオルケットと枕にかけたタオルは一度使ったらすぐ洗って。掛け布団は毎回洗うのは難しいので、今年は冬も掛け布団を出さずに洗える毛布で対応しました。

三橋　高熱の子がいたときのために、別室で「第三保健室」も用意してもらいました。桐光学園は男女別学なので、男子の保健室と女子の保健室がそれぞれ別にあって、さらにもうひとつの保健室という意味で第三保健室という呼び方になっています。最初は決めなければいけないことが山積みでした。第三保健室に入る子の基準はどうするか、男子と女子は一緒でいいのか、そこにいる子がトイレに行きたいと言ったらどうするか。そして私たちはそこについているべきなのか。ついていないといけないけれど、通常の保健室の運営もしなければいけないし、高熱のある子とずっと一緒にいれば私たちにも感染のリスクがあるかもしれない。

村上　常に「どうするか、どうするか」って考え続けている状態で、本当に大変でした。とにかく情報を探して参照しながら話し合って。でも情報もどんどん変わっていくので、熱の基準ひとつにしてもその都度考え直さないといけない。

三橋　若い子は感染していても熱が出ない場合もあるから、熱だけで判断することもできない。だから喉が痛いとか風邪のような症状の子も基本的には早退してもらうことにしました。でも、じゃあ頭が痛い子は？と考えると、偏頭痛だった場合は一時間くらい横になって休めば落ち着くことが多い。それを無理に帰ってもらうのはかわいそうだけれど、でももしかしたら後から熱が上がってくるかもしれない。そんな葛藤だらけでした。

村上　いろいろと決めていくのは大変でしたが、情報を集めて話し合って決めていくというプロセス自体には混乱はなかったです。公立の学校の場合は通達が来て基本的にそれに従うという形になりますが、私立の場合は常に学校独自で決めていかないといけないので、いつもやっていることなんです。養護教諭が四人いることも、改めて心強く感じましたね。自分では思いつかないようなアイデアを他の先生が出してくれたりするので、一人じゃなくてよかったなと。

三橋　実際は高熱などの心配していたようなケースはほとんど起こらず、秋頃には保健室の体制も整ってきてうまくいき始めました。ただ冬には例年インフルエンザや風邪で熱がでる子がすごく増えるので、それが迫り来る不安がありました。

村上　冬は例年本当に大変なんです。風邪でもインフルエンザの疑いがあっても、特にテスト前なんかだと生徒は学校に来ちゃうんですよね。それで来室もすごく増える。この冬、絶対大丈夫じゃないよねって、心配はありました。

三橋　でも結局インフルエンザもほぼ出なくて。第三保健室をどれだけ使うんだろうと思っていたら、それほど使用せずに済みました。やっぱり少しでも熱があるとか喉が痛いとかで、大事をとってみんな休むようになったので。生徒自身も保護者も状況を本当に理解してくださっていたということだと思います。

村上　生徒たちがしっかり理解してくれたのは本当にありがたかったですね。「ごめんね、今はベッドは使えないんだ」とか、「体調不良の子以外はここから先は入らないで」とか言っても、文句を言う子は一人もいなくて。毎朝の検温も、家で測ってくるのを忘れたら「忘れました」ってみんな職員室に測りにくるんですよ。忘れたから適当な体温を書いちゃえばいいかって思う子がいてもおかしくないと思うんです。でもうちの学校の子たちはちゃんと測りにきてくれる。子どもはすごいなと思いますね。熱を測るという新しい習慣がもう当たり前に身についている。

三橋　本当にそうですね。でも子どもたちにとってはまた普段の生活が戻って来たときのことも心配で。授業も部活も今は短縮だけれど、それが元に戻ったら急に忙しくなるのでストレスを抱える子も多いんじゃないかなと。

村上　昨日も話していたんですが、今年は行事がひとつもなかったのでその影響も心配です。特に中学一年生は、毎年行事で成長していく部分が大きいんです。行事でいっぱい友達と楽しんだりあるいはぶつかったりして、思い出も作って痛い目にも遭いながら中二になっていく。その過程を今年の中一は経ていない。

三橋　揉め事すら起きていないですからね。

村上　来年になってまた今年の影響が出そうですよね。そういった部分も、クラスとはまた別のところで私たちでサポートしていけたらなと思います。

それでも春はやってくる

消毒ありがとうございます、と黒板に書いた。

渡邊優羽（わたなべ・ゆう）
二〇二〇年度高校三年生。模擬国連・英語ディベート部に所属。好きな教科は英語。趣味は読書やキャンプ。

ギャップイヤー入試

二〇二〇年二月末に突然休校が発表されて、その日は今年度で退職される先生に慌ててご挨拶をしに行きました。三月は休校のまま春休みに入って、四月になると教科書が段ボールで届きました。学校から課題が出たり、動画が送られてきたりして授業が進んでいきました。課題は学校で入学時に購入していたChromebookでGmailやGoogle Classroomを使って提出しました。個人的に先生に小論文の添削をお願いするときは、Googleドキュメントを使ってドキュメント上でやりとりをしました。

私が合格した入試は少し特殊な形態で、ギャップイヤー入試という特別選抜系の入試です。この入試で大学に合格した人は九月入学で、高校を卒業した後の四月から九月までの間はギャップイヤーとして自分の興味のあるテーマで研究などをして過ごします。そのギャップイヤー計画のプレゼンと、英語小論文、日本語と英語での面接が入試の内容でした。休校中はギャップイヤーの計画を考えるにあたり視野を広げようと考え、その時興味があった起業家精神を育成するアントレプレナーシップのオンラインラボに参加しました。そこでは自分のやりたいプロジェクトの目的から、自分の見ている世界の解像度を上げていく練習をして具体的に実践できることを考えたり、スタートアップカンパニーの事例を見ながら自分のプロジェクトに当てはめてどう活かせるかを考えたりしました。

ギャップイヤーで取り組むテーマは食育にしました。かねてより食品ロスを削減したいという思いがあり、高二のカナダへの修学旅行のときも、修学旅行論文のテーマを食糧問題にしました。桐光学園では修学旅行に行く前に各自でテーマを定め、自由行動日に現地で調査を行って、帰国後に論文を作成します。私は現地のスーパーマーケットに行ってお客さんにインタビューをしたり、帰国後も夏休みにフィールドワークをしたりして、訪れたカナダなどの諸外国の食品ロス問題の解決策を比較したり、日本の産業構造から発生してしまう食品ロス問題について考えたりして、今後私たちが創っていく日本はどうしていくのがよいか、また私たち高校生には何ができるのかを考え論文を書き上げました。その後も校外で食品ロスに関するディスカッションイベントを企画・開催するなど活動しました。これらの食品ロス問題を追求した経験から、まだまだ未熟ではありますが子どもたちに伝えていく活動をしたいと考えました。私は祖父が農家であることから食べ物を大事にすることが当たり前の環境で育ったため、日本で毎年多くの食料廃棄が実際起きていることに胸を痛めていました。その環境を変えるためにも十代という子どもたちと年が近い今だからこそできることとして、食品ロス問題を遠い世界の難しい問題と思わずに、楽しいと思える方法で身近に感じることができるような食育を行いたいと思ったのです。

具体的には「もったいない」をテーマにした絵本と、家庭の冷蔵庫に貼って食品を管理できるマグネットを作ろうと思っています。そのためにフードバンクや、小学生に絵本の読み聞かせをしている団体などにボランティアに行くことを計画しています。八月には絵本とマグネットを完成させて、私が所属しているボーイスカウトの小学生たちに向けて食育ワークショップを行う予定です。子どもたちが自分にも何かできることがあるんだと思ってもらえるようなワークショップができたら嬉しいです。コロナの影響がどうなるかまだわかりませんが、そのときの状況に合わせてできる形を柔軟に考えていきたいです。

先生と一緒に受験を乗り越えた

休校中は週一回友達とＬＩＮＥを使ってビデオ通話をしていました。仲のいい数人で毎週やろうと決めて、今何をしているかや勉強の進み具合などを話しながらお互いに励まし合っていました。なかなか外にも出られず友達にも会えないなかで、この通話の時間はすごく大事でした。朝起きる時間も友達と一緒に決めていて、学校があるときと変わらない時間に毎日起きることができたので生活リズムが乱れることもありませんでした。

休校期間があったことで自分の本当にやりたいことや将来どうなりたいかを突き詰めて考える時間が取れたのはよかったと思います。ギャップイヤー入試の自己アピール書に取り組んだことで、納得できるところまで悩み、ときには原点に戻ることができました。自分にとって有意義な時間の過ごし方であり、将来を考えた財産になりました。

休校明けのクラスの雰囲気はそわそわした感じでした。受験生としてのスタートからいきなり休校で、六月に登校は再開したけれどこれからどうなるかわからず、落ち着かない不安な空気が教室に漂っていました。そんな中、先生方は、まずは今の生活に慣れよう、不安なことがあったら何でも言ってね、と先生方も先の見えない状況だったにもかかわらず、私たちをサポートして安心して受験に取り組む姿勢にしてくれました。

教科の勉強とギャップイヤー入試などの特別選抜系の入試準備との両立はとても大変でした。八月から十二月は特別選抜系の入試に集中していて、教科の勉強に取り組む時間が取れない、難しい時期もありました。十二月には合格が決まったのですが、一月の大学入学共通テストにもしっかり取り組みたくて勉強を続けました。二、三月は自由登校だったのですが、私は卒業まで毎日学校に行って勉強していました。特にずっと苦手意識を持っていた数学の勉強に力を入れ、一日十二時間数学漬けの毎日を送り、先生方のサポートのおかげで三ヶ月で三年間の既習範囲の復習を行うなど最後の高校生活を走り抜けました。合格が決まった後も勉強へのモチベーションを高く保つことができたのは、大学に進んでからの選択肢を狭めたくないという思いがあったからです。入学後にビジネスや国際関係論などのコース選択をするときに、数学ができないことが壁になってしまうのは嫌でした。

私は塾には通っていなかったので、最後まで学校の先生方と一緒に受験を乗り越えました。特別選抜系の入試の準備はもちろん、一般入試の小論文の添削や、面接の練習、教科の勉強など、たくさんの先生方にサポートしていただきました。毎日職員室に行っては「先生、今日何時が空いてますか？」と聞いてアポを取って、マンツーマンで指導していただいていました。受験のプレッシャーでつらいときもたくさん話を聞いてくださって、精神的にも大きな支えになっていました。合格が決まったときは先生方が自分のことのように喜んでくださって、それがとても嬉しかったです。

今年は行事もなくさびしい面もありましたが、受験に集中することができたという意味ではよかったなと感じています。みんなで取り組む行事がないぶん、受験に向かってクラスのみんなで頑張ろうという意識ができていた気がします。私は高一、高二の行事や研修で将来へ繋がる実りある経験を多くさせていただいたので、後輩のみなさんのそのような機会が減ってしまうのは心苦しいですが、コロナ禍でギャップイヤーを行おうとしている身として、どんな状況であっても自ら動いて挑戦していく姿勢に変わりはないと感じています。ぜひ高校生のみなさんには自分の興味関心のあることについて自分のできる範囲で自ら積極的に行動してみてほしいなと思います。

コロナ禍ならではの思い出もあります。放課後教室で自習をしていると、消毒のために教室を回っている先生方が「頑張ってるね」と声をかけてくださるんです。これは去年まではあまりなかったことで、「見てくれている人がいる」というのは大きな力になりました。先生方に見てもらえるように、教室の黒板に「いつも消毒ありがとうございます」と書いておいたら、それを見た先生が喜んでくださったことがあり、少しでも先生方に恩返しできたような気持ちになってとても嬉しかったです。

学校は私たちにコロナ禍をできるだけ感じさせないように、すごく配慮してくださったと思います。そのおかげで、それほど例年と違うという不安を感じずに過ごすことができました。でもそれを当たり前のことと思ってはいけないと思います。見えないところで私たちのために先生方がたくさんの努力をしてくださっていた、そのことに心から感謝しています。

コマ不足!

他の先生方には、「焦らずに授業を進めてください」と伝えました。

板場敦（いたば・あつし）
二〇二〇年度高校三年生学年主任。担当教科は数学。担当の分掌は進路指導部。

受験目前での休校

コロナ禍で今年の受験生が受けた影響は非常に大きかった。例年通りだったことなんて一個もないと言っていいくらいです。

まず二〇二〇年三月からの全国一斉休校。今の高三にとっては高二の終わり頃からですね。これは本当に急でした。二月二十七日の木曜日に休校要請のニュースが出て「うちの学校はどうなるんだろう」と思っていたら、翌日の金曜日には休校が決定して、土曜日が休校前最後の授業になりました。

桐光学園では、担任・副担任で構成される担任集団は中一から高三まで持ち上がりで、同じ生徒たちと六年間を共に過ごすシステムになっています。つまり、今の高三は中一のときから私が受け持っている生徒たちなんです。その生徒たちがいよいよ受験生になるというタイミングでの突然の休校は、それはもう不安でした。

休校が決まってまず考えたのは、生徒とのつながりをいかに切らないようにするかということ。そのためにやったのが、宿題配信とメッセージの送信です。このふたつを休校が終わるまでの約三ヶ月間毎日続けました。宿題配信はスタディサプリというオンラインサービスを利用して毎日一教科ずつ、メッセージはGoogle Classroomを通して連絡事項からたわいもない話まで。毎日続けないと生徒は見なくなってしまう、見なくなってしまえば学校とのつながりが切れてしまう。そう思って毎日やることにこだわりをもって送り続けました。実際に生徒がそれをどう思ったか、どう活用したか、本当のところはわかりません。でも、一人でもその宿題に食らいついて勉強を続けることができる生徒がいたら、それは無駄にはならないんです。

六月からようやく登校が再開しました。当初は授業の遅れが非常に心配だったんですが、夏期自宅学習期間が短縮になったり行事や定期試験がなくなったことで、授業のコマ数で言えば足りないのは一週間分ほどでした。なので、他の先生方には「焦らずに授業を進めてください」と伝えました。心配が大きかったのですが、蓋を開けてみたらなんとかなったというところですね。ただ、普段一コマ五十分の授業が四十分に短縮になっていたので、授業で何をして何をしないかという取捨選択は普段以上にシビアになりました。具体的には、暗記すればよい内容については授業の時間を使わず、なるべく各自でやっておいてもらうといった感じですね。生徒にも事前にそういった方針を伝えていたので、授業時間が減っていることに対してはネガティブな声はあまり出ませんでした。

失敗から学ぶ機会が作れない

そうやって授業の遅れはなんとか取り戻せましたが、夏期自宅学習期間、いわゆる夏休みが短くなったことがむしろ受験生にとっては大きな問題でした。夏期自宅学習期間は、これまでに授業で学んだことを復習したり実戦形式で問題を解いたりと、自分一人で手を動かす期間です。授業を聞いてわかったつもりになっていても、いざ問題を解いてみると「あれ？」となることは多いものです。そういった部分をひとつずつ潰していく時間が、夏の間に十分にとれなかったことは痛手でした。

模擬試験を外部会場で受ける機会もなくなり、自宅で問題を解いて学校で回収する形がほとんどでした。監視の目がないから不正が起きるとか、そういったことはないと思います。問題なのは、自宅ではどうしても緊張感を持ちづらいこと。普段の模試であれば、学校の外の会場に行って、チャイムが鳴って試験が始まり、またチャイムが鳴って終わる。そういった緊張感の中で問題を解くことで、思わぬミスをしたりしながら失敗を通していろいろなことを学んでいきます。外部で模試が受けられなかったことで、受験生なら普通知っているようなことを知る機会がないという問題もありました。例えば、大学入学共通テスト本番でも使われる英語のリスニング機器の存在を知らなかったりとか。十月頃にいろいろな受験に関する説明は改めて行いましたが、そのときには「こんなことまで教えないといけないのか」と思わずにひとつひとつ丁寧に説明するよう、各担任の先生にお願いしました。

高三の授業は十二月の定期試験までで終わりで、その後は自由登校になります。例年なら毎日自習をしに来る子が多いんですが、今年は学校に来る子は少なかったです。そこで心配したのは、なかなか勉強がうまくいっていない子が不安を一人で抱え込んでしまうこと。先生や友達に会えないまま一人で過ごしていると、どんどん負のスパイラルに巻き込まれていってしまうんですよね。

緊急事態宣言中にも登校日はありました。ただ、電車通学での感染が心配だったりして来たくない子もいるだろうということで、ホームルームでは教室からGoogle Meetをつなぎ、対面でもオンラインでもどちらでも好きな方で参加できるようにしました。とにかくどんな形でも参加してもらうということが大事だと思って。ホームルームの他にも、生徒からはいつでもメールや電話を受け付けてたくさん話をしました。ここでも一番に考えていたのは、つながりを切らないということでした。

そしていよいよ入試本番の日、普段なら教員も会場に応援に行くのですが、今年はそれもできません。私は事前に高三の担任・副担任と授業を担当する先生全員にコメントを書いてもらい、Google Classroomで配信しました。自由に書いていただいたコメントには、先生方それぞれのキャラクターが非常によく表れていました。生徒たちもそれを見て笑って、受験前の緊張がほぐれたんじゃないでしょうか。

ICT活用の加速

今年の高三はChromebook一期生です。桐光学園では、高校に入学するときに一人一台

Chromebookを購入してもらうことになっていますが、それが始まったのが今の高三の入学時からなんです。それから三年が経ち、今では高校の全学年がChromebookを持っています。それがあったので、突然の休校でもスムーズに生徒とのコミュニケーションが取れました。連絡事項の伝達だけでなく、授業の映像や課題を配信し、生徒から課題を提出してもらうところまでオンラインで行うことができました。

三年前の導入当初は、教員の間でもＩＣＴに対する温度差がありました。年々その差が埋まってきていたところでしたが、今回の休校によって使わざるを得なくなったことで、明らかに一気に加速しました。これを機に授業にChromebookを取り入れるようになった先生も多数いらっしゃいます。私はChromebook一期生を受け持っていたこともあり、休校が始まった頃は他の学年の先生方からいろいろと質問を受けました。でも、今はもうほとんどないですね。Chromebookの利用方法について、各学年で形ができたということでしょう。

普段の授業での使い方としては、教室の前方にあるモニターに教員のChromebookの画面を映し出して黒板の代わりに使うことが多いです。私は数学を担当しているのですが、図形やグラフは黒板に書くよりも圧倒的に綺麗です。グラフの動きを映像で見せることもできるので、変化の過程も理解しやすい。理科や社会では、資料集と併用して映像を見せたりもしています。生徒のChromebookでは、Googleフォームでのテストやアンケートの提出、Googleドキュメントでの感想文やレポート作成などを行っています。

「生徒が授業中にChromebookを開いていると、授業と関係のないことに使用してしまうのではないか」という懸念もあります。たしかに、教壇からは生徒のChromebookの画面は見えませんから、生徒が別のことをしていてもなかなかわからないでしょう。しかし、そこを心配しすぎるがゆえに「今は使わないからしまっておいてね」ということになってしまったら意味がありません。私はそういったことを厳しく取り締まるよりも、いかに使わせるか、いかに授業にChromebookを取り入れるかを考えるべきだと思っています。理想を言えば、生徒が授業に関係のないことをしている暇がないくらい、こちらから使うネタを提供したい。なんとか三年間でそういった形を作りたいと思ってやってきましたが、まだまだ足りない部分もあります。休校中の経験を活かし、今後さらに活用を広げていきたいです。

高二が一番楽しめるときなのに。

菊池俊幸（きくち・としゆき）
二〇二〇年度高校二年生副担任。教務部部長。担当教科は英語。

成績がつけられない

まず困ったのは成績処理でした。

二〇二〇年三月から休校になって、ちょうどその時期に予定されていた後期期末試験が中止になったのです。桐光学園は前期・後期の二期制をとっていて、定期試験は前期中間、前期期末、後期中間、後期期末と一年に四回実施しています。その最後の後期期末試験ができなかったので、一年間の成績を十二月の後期中間試験までの結果でつけざるを得なくなりました。とはいえ、後期中間から後期期末までの生徒の頑張りを成績に全く反映できないのはかわいそうなので、提出物や小テストの内容を加味するなど各教科で工夫してやってもらいました。しかし定期試験ほど明確な指標にはならないので、先生方は苦労されたと思います。

休校のまま新年度に入り、教科書の配付をどうしようかという問題が出てきました。例年は入学前のオリエンテーションや始業式の日に配っているのですが、生徒が学校に来られるのがいつになるか目処も立たず、しかし教科書が手元になければ学習の指示も出せないので困りました。それで急遽運送会社を手配して、教科書や副教材を発送することになりました。高校だと各学年六百人以上いますから大変な作業でした。

その後生徒に自宅での学習の指示や課題の配信を始めました。理想よりは開始が少し遅れてしまった気はします。高校生は全員Chromebookを持っているのでわりとスムーズに対応できました。中学生も来年度からは全員Chromebookを持つことになったので、今後もしこのようなことがあれば今回よりスムーズに進むと思います。高校生のChromebook導入が始まったのは三年前で、入学するタイミングで全員に購入していただいていて、ちょうど今年高校の全学年にChromebookが行き渡ったタイミングでした。しかしその利用法については教員もまだ手探り状態だったので、コロナ禍によって使わざるを得なくなったことで一気に浸透したのはよかったと言えるかもしれません。

休校中の授業は、課題のプリントを配信して各自教科書などを見ながらやってもらうことが中心でした。いくつかの教科では文字と音声の動画を作って配信しました。授業のライブ配信は本校では行いませんでした。生徒や保護者から要望はありましたし、教員の間でも様々な意見が出ましたが、セキュリティなどの安全面と家庭ごとのネット環境の差を考えてやらない方針になりました。ここはとても難しい問題で、やるとしてもやらないとしても必ず反対意見は出てくる。全員が全員納得するような答えを出すのはほぼ不可能で、必ずどこかには目をつぶらないといけない。コロナ禍の対応ではその判断の難しさを常に感じています。

授業日数は確保できた

休校は五月末まで続き、六月から分散登校が始まり、七月からやっと全体登校に戻りました。

分散登校のやり方についてはかなり議論を重ねました。結果として、一クラスを出席番号の偶数と奇数でふたつに分け、月水金は奇数の生徒、火木土は偶数の生徒が登校、次の週はそれを逆にして二週間で一週間分の授業を受けるという形になりました。

学年ごとに登校時間を変えるとかラッシュ時を避けるといった時差登校も検討しましたが、本校では難しいという結論に至りました。というのも、公立の学校と違って生徒の住んでいるところが非常に広い範囲にわたるからです。三十分で来られる子もいれば、二時間近くかけて登校している子もいる。登校時間をずらしたことで逆にラッシュ時に重なってしまう生徒も出てきます。よって、時差登校は行わず分散登校で対応しました。

七月の時点では二ヶ月半ほど授業に遅れが出てしまっていたので、当初は取り戻せるか不安でした。しかし、行事がなくなったり夏休みが短縮されたりしたことで授業日数は確保できて、どの科目もほぼ予定通りカリキュラムを終えることができました。授業は通常一コマ五十分のところを四十分に短縮して行いました。教員によっては生徒の集中力が最後まで続くのでかえって四十分の方がいいという者もいました。ただ体育や美術などの実技系の科目では用具の準備などがあるためなかなか時間が足りなかったようです。

授業日数が確保できたのはよかったですが、行事がほぼ全てなくなったのは生徒たちにとってはつらかったと思います。学校に来てもずっと授業しかないのは気が滅入ります。特に気の毒だったのは高校二年生です。高二では本来ならカナダへの修学旅行もあるはずでしたし、体育大会や輝緑祭（文化祭）などの学校行事でもメインとして活躍できる年です。文化系の部活では高二までで引退となる部も多い。高三になるとどうしても受験の準備が中心の学校生活になっていきますから、高二が一番楽しめるときなのです。何もできずこのまま高三になっていくのは本当に気の毒です。

しなくてもいい経験

コロナの影響が出始めてから一年ちょっと経って、あのときもっとああしておけばよかったと思うことがたくさんあります。全てのことが手探りで、なんとかかんとかここまできたなという感じです。今年一年間は全ての予定が変わったので本当に大変でした。あってほしくないですけど、もしまたコロナ禍のようなことがあったら、今回の経験を踏まえてもう少しいい対応ができるんじゃないかと思います。いや、しかし何ごとも経験って言いますけど、コロナ禍はその一言では片付けられないです。しなくてもいい経験もあるんじゃないか、そう考えてしまいます。

ＩＣＴの活用がより一層進んだのは、悔しいですがコロナのおかげかもしれません。

武井大（たけい・まさる）
進路指導部長。担当教科は英語。園芸同好会顧問。

生徒たちは力強かった

私は進路指導部長として、特に大学受験を控えた高校三年生を近くで見ていました。今年はコロナ禍に加えて、入試の方式についてもいろいろな変更があり、計り知れないほどのストレスが生徒にはかかっていたと思います。プラスの状況はひとつもない中でも、生徒たちは本当によく耐えて頑張りました。

本校では、基本的に担任が中一から高三まで持ち上がりで、ひとつの学年を同じ先生たちが六年間見続けます。大学入試に対しても、その学年の先生が中心となり生徒たちと向き合って担当しています。私はそのサポート役としてこまめに生徒の話を聞くことや、いつでも質問ができる状況を作っておく役割は大事だと考えています。

今年はこれだけ不安な状況だったにもかかわらず、生徒から不満の声を聞くことはほとんどありませんでした。もし私が今高校三年生だったとしたら、この状況に対してもっと文句を言っていたと思うんです。でも、実際の生徒たちはとても忍耐力が強かった。落ち着いて、今できることはなんだろうと常に考えていました。

その姿勢がよく見られたのが夏期講習です。参加率が例年よりも高かっただけでなく、生徒たちの吸収力も普段より高まっていると感じました。例えば、講習中に私が話す余談までも詳細にメモをとりこちらの一挙手一投足を見逃さないようにしていると感じました。余談も決して無駄な話ではなく、きっと何かにつながるんだとわかっているからこその行動なのでしょう。そういった、提供されるものを素直に余すところなく受け取ろうという姿勢は、この社会情勢の中でこそ強まっていると感じました。

そういった忍耐力や素直さは、この学年が時間をかけて培ってきたものです。学年主任の板場先生をはじめ、学年に関わる先生方がずっと伝えてきた成果です。生徒にこうしてほしいと指示をするのではなく、先生方のほうでできる準備はするからやれることをやってほしいという方針が伝わったからこそついて来てくれたのだと思います。

大学入試は高三の一年間だけで勝負できるものではありません。中学で基礎となる学習習慣を身につけ、高校に上がったら自分で分析をしながら必要な学習を積み上げていく。学習習慣はいわば引き出しのようなもので、それができていれば、あとは物を入れていくだけ。引き出し作りが一番大事だと考えています。

もちろん大学入試で合格すること、生徒が自分で描いた夢を達成してくれるのはとてもうれしいことです。でもよろこびはそこだけにあるのではなくて、入試までの過程において生徒が自分で考えて行動してくれることが、何よりもうれしいのです。「やれ」と言ったら「はい、やります」ではなくて、生徒が頭の中で考え、咀嚼した上で「確かにそうだな」と思ってやってくれる。そうやってお互いに想像力を生かして寄り添うことが何よりも大切だと思っています。

卒業生の数は宝の数

進路指導部では、毎年三月に進路座談会というものを開催しています。例年は、文系、理系、医歯薬系の三系統に分かれて部屋に集まり、その年に合格した卒業生に体験談を話してもらった後、最後に質疑応答を行うという形式です。参加者は新高三が中心ですが、席に余裕があれば高二、高一も加わります。

今年はこの合格者座談会もインターネットを使って行いました。在校生に伝えたいことを卒業生にスライドや動画で制作してもらい配信しました。在校生はそれを見て、質問があれば卒業生にメールで連絡ができる仕組みにしました。オンラインでは教室と違って人数に制約がなく、高一から高三まで全員が参加できるため、最終的には全部で四百人ほどが視聴しました。自分が興味のある大学に合格した先輩だけでなく、部活で知っている先輩など、文系・理系に関係なくたくさんの卒業生の話を聞けるのも、オンラインならではのメリットでした。さらに、地方の大学に進学し、遠隔地にいる卒業生も参加しやすくなりました。このように利点も多かったのですが、私としては、やっぱり生で話をする方が伝わると思っています。ライブ感は何よりも大事で、熱量が伝わることで理解力も高まるし、気持ちも動くので……。でもこのネット座談会は、苦肉の策としてはよかったのではないかと思います。

卒業生たちから集まったスライドや動画は、それぞれ個性が出ていて、想像力も創造力も形になっていて興味深かったです。ちょっとした文化祭のようで私も十分に楽しめました。フォーマットは決めず、最低限入れてほしい内容だけを伝えて卒業生に自由に作ってもらいました。在校生たちには、受験に関する内容だけではなく、発表のしかたから「伝える」ことを改めて学んでほしいという意図がありました。

　本校は卒業生とのつながりは強いと思います。何か後輩にできることをしてあげたいと思ってくれる卒業生が多いのです。教員の縦の糸と卒業生の横の糸が合わさって、在校生をサポートする体制ができているという自負はあります。生徒に寄り添っていく中で、この学校の姿勢が生徒に伝わり、今度は卒業生が後輩たちに還元しようとしてくれています。クサいことを言うようですが、「卒業生の数だけ学校の宝の数が増えている」と私は思っています。

　先ほど合格者座談会の話をしましたが、残念ながら希望の大学に合格できず浪人を選んだ卒業生に対しても、予備校の説明会などのサポートを行っています。例年だと「既卒受験生激励会」という浪人生決起集会のようなものも開いていたんですが、今年はコロナで開催できなかった。それで、今年は鉛筆を作ったんです。「合格祈願 桐光学園」の文字を入れた鉛筆。それを浪人生が調査書を受け取りに学校に来たときに配りました。学校として浪人生のことも応援しているというメッセージが少しでも伝わっていればいいなと思います。

生徒たちを誇りに思う

休校期間が長かったこの一年で、生徒とメールなど文字でコミュニケーションをとる機会が増えました。Google Classroom はもともと導入していましたが、今のように頻繁に使われるようになったのはこの四月からです。ＩＣＴの活用がより一層進んだのは、悔しいですがコロナのおかげかもしれません。

文字でのコミュニケーションが中心になったことで、自分で書いた文面を何回も見直すようになりました。これまでは一回読み返したら終わりだったところを三、四回読んで、「伝わるかな」「勘違いされないかな」と注意深く点検して。内容だけでなく、文面から感じられる感情や雰囲気についても考えました。「これだとちょっと突き放してる感じかな」とか、逆に「今回は激励したいので突き放している感じを出そうかな」とか、そういったところを文字で表現することに、これまでより一層気を遣いましたね。

生徒から返ってくる文面については、普段からコミュニケーションをとっているので、こういう意味なんだろうなと理解してくれているのはよく伝わってきました。「話さないといけないな」というときは文面からなんとなく伝わってくるので、直接会って話す。今までの積み重ねがあったので、その予測が大きくはずれたことはなかったです。

今年はやはりコミュニケーションに関して工夫が必要でした。でも必要だから無理やり考えて工夫したというよりは、伝えたいことを真剣に考えた結果、自然と行動が変わっていったという感じです。

ＩＣＴの活用法も、これからもっと進化するだろうと感じました。教員同士で情報交換をして、スキルやノウハウはある程度高まったと思います。生徒に「オンラインでの授業はどうだった？」と聞いたら「全然問題なかった」と言っていましたし、復習テストの結果を見てもちゃんと理解しているなということがわかりました。これから大事なのは、その振り返りをきっちりすることだと思います。生徒の状況を見ていかに柔軟に対応するか、変化する姿勢というのがこの一年を経てこれからより求められていくだろうと。

そのためには、本当に生徒をよく見ていないといけない。マスクをしていると目しか見えないけれど、出席を取るときの返事の声で「元気ないな」とかがわかったりもする。五感を使って生徒の感情や思いを捉えることは、さらに意識的にしていかないといけないですよね。生徒が不安になる要因は増えているので、それをいかに軽減するかを以前にも増して考えていかないといけないと思います。

不安を軽減するためには、何をしたらいいかが明確にわかるようにしてあげることも重要です。私は、生徒が家で何をやったらいいかがわかる授業が一番いいと思っています。教員が一から十まで全部伝えるのではなくて、授業でこれをやったから家ではこれをやってみようかなと思える授業。特に今、家にいる時間も増えていて、不安でどうしようってつぶれそうなときに、やることが明確な方が安心するでしょう。

この一年で私自身は、困難に直面したときにどう考え、どう動くかという経験値は上がった気がしますが、生徒のほうがもっと忍耐力と真摯な姿勢を培ってやるべきことを実践したと思います。私よりも、ずっと生徒の方が不安も多くて大変だったはずなのに……。そんな中で頑張った生徒たちを誇りに思いますし、これからも応援し続けたいと思います。

娘から、オンラインでは第一印象が大事だよと言われました。

三浦敏行（みうら・としゆき）
二〇二〇年度中学三年副担任。担当教科は英語。学年主任（十四年）、教務部長（四年）を歴任し、現在入試対策部長。鉄道研究部顧問。

一家庭ごとに校内案内

入試対策部は、生徒募集のための広報活動や、入試の運営を行っています。生徒募集は私学にとってまさに生命線です。

緊急事態宣言が発令され、二〇二〇年四月から予定されていた校外での大規模な合同説明会や相談会が相次いで中止になりました。コロナ禍でいかにして受験生、保護者に学校のことを知ってもらうかを考え抜き、例年と違った取り組みを実施しました。まず、ウェブ説明会の動画と学校のプロモーションビデオを作成し、学校のウェブサイト上で見られるようにしました。ほかにもいろいろな取り組みをしました。

世界十都市で実施している海外説明会も中止になりました。海外説明会は海外に住んでいて日本の学校に通いたいという受験生とその保護者に向けた説明会で、毎年教員が現地に赴き直接お話をしています。私が例年担当しているのは、シンガポール、バンコク、ジャカルタ、上海、ソウル。しかし今年は海外に行くことができなかったので、かわりに現地の塾などが主催する企画に参加し、世界六地域に向けてライブ配信でオンライン説明会を行いました。そのとき非常にうれしかったのは、開催地と時差がある地域の方が、わざわざ夜中まで起きて参加してくれたことです。実際に現地に行かなくてもこうやって思いは伝わるんだ、世界はひとつなんだと痛切に感じました。

動画撮影やオンライン説明会にあたって私が気をつけたのは身だしなみです。娘から「画面上だと特に第一印象が大事だよ」と言われまして。髭を剃って、髪を整えて、きちんとした服を着て。スキンケアのために毎日顔にクリームを塗ったりもしました。

ライブ配信でつらかったのは、視聴者数がリアルタイムで見えることです。話しながらもずっと気になって、数字が減ると「あぁ、ここで切った人がいる」とへこみました。対面で行う説明会では、会場の雰囲気を見ながら笑いをとったり、その日の参加者の関心に合わせた話をしたりすることができます。ところが、オンライン説明会では相手の顔が見えないので「聞いている人は今何を考えてるのかな」と不安になって、淡々とした説明しかできませんでした。私は学校説明会をお見合いによく例えるんですが、相手が見えないお見合いって怖いです。

六月に入ると、受験生や保護者から実際に学校を見てみたいという要望が増えてきました。そこで行ったのが、校内見学ツアーです。一家庭に一人の教員がついて、校内見学をしながら学校を紹介するというイベントです。例年は、説明会が終わった後に校内見学を行っていて、その場合は一人の教員が約十五名のグループを案内します。今年は密を避けるために一家庭ごとにしたところ、このプレミア感が大好評で、毎回予約開始から一時間経たないうちに満席になっていました。

八月からは、対面での説明会を開始しました。通常は学校のアリーナに千人以上が集まるのですが、今年は二百名が入る視聴覚室を使い、定員を約八十名に制限して行いました。その分回数を大幅に増やし、八月から十二月までで合計五十五回もの説明会を行いました。土日はほぼ全て説明会です。五十五回ですから。これは本当に大変でした。そんな説明会の嵐の中エネルギー源となったのは、説明会の後に受験生や保護者が書いてくださるアンケートです。「オンラインでは感じられない学校の雰囲気を感じることができた」「コロナ禍の中、いろいろな対策をしながら開催していただきありがとうございました」といった声が多く、やってよかったなと非常に励まされました。

十一月には、中学入試の入試問題説明会がありました。これは、各教科の出題担当の教員が、例年の出題の傾向や受験までの学習の注意点などをお話しする会です。例年は受験生に学校に来てもらって行うのですが、今年はこれもオンラインで動画を配信する形になりました。動画になったことで、受験生はいつでもどこでも何度でも見ることができる。そのため受験勉強が非常にやりやすかったと好評でした。動画での入試問題説明会にこんなメリットがあるというのは大きな発見でした。

いよいよ入試本番

十二月になっても、コロナの猛威は収まりません。二〇二一年一月から二月にかけては、中学と高校合わせて計七回の入試が控えています。入試は本当にできるのだろうかという非常に大きな不安を抱えながら、受験生と保護者、そして教職員の安心、安全を担保できる入試のために、頭を痛めながら対策の検討を進めました。これには本当に神経を使いました。

　実際に行った対策は、大小合わせると数え切れないほどです。検温に関することだけでも、「全受験生に事前に家庭で検温をしてきてもらう」「全受験生と付き添いの保護者に学校に入る前にサーモカメラによる検温を行う」「サーモカメラの検温で三十七・五度以上だった受験生には『スクリーニングルーム』という部屋に入ってもらい、防護服を着た養護教諭により体温計で検温を行う」と、三段階の対策を講じました。もちろん「安全」のための対策ではありますが、そういった対策がなされていること自体が受験生や保護者の「安心」にもつながります。実際のところ、サーモカメラでの検温で三十七・五度を超える受験生はゼロでした。これは受験生が例年以上に健康管理に注意した成果だと思います。

　他にも、物の表面に付着したウイルスの感染力が失われるという「七十二時間ルール」に則って入試の三日前から校舎を完全閉鎖する、各所に消毒液を配置する、トイレに並ぶ列が密にならないように「足跡マーク」を貼る、例年では図書館とカフェテリアを使っている保護者控え室をアリーナも使って増設するなど、普段と異なる準備が非常にたくさんありました。

　そして入試当日。例年と比べて光景は一変しました。通常、学校の入口に塾の先生が並んで受験生の応援をするのですが、今年は自粛をお願いしました。そのため、受験生と保護者は例年になく静かで緊張感のある雰囲気の中、学校に足を踏み入れることとなりました。受験教室の定員も通常の半分にして、試験監督の立つ教壇と受験生の間には飛沫防止のためのアクリル板を設置しました。

中学入試のひとつに、Ｔ＆Ｍ（Talent and Motivation）入試と呼ばれる入試があります。筆記試験に加えて面接で自分の得意なことをアピールしてもらうんです。例年はスポーツなどの実技を行う受験生が多いのですが、感染防止の観点から今年は座ったままでの発表のみとしました。純粋にプレゼンだけで勝負しなければならなくなったので受験生は頭を悩ませたと思いますが、みんなスライドや紙芝居を用意して素晴らしい発表をしてくれました。制限時間は五分間なんですけれども、教員が聴き入ってしまって止めるのを忘れてしまうこともありました。

受験校選びに関して、今年は何回も受験に出向くことに不安があったためか併願数が減少する傾向がありました。つまり受験生は本当に受けたい学校だけを受けざるを得なかった。その中で桐光学園に志願してくれた、その重みを普段以上に感じます。新学期に新入生と会ったら「本当によく頑張ったね」「ありがとう」と言いたいです。

授業がわからない生徒の気持ちがわかった

個人的なことで言えば、今年はＩＣＴの導入に非常に苦労しました。このコロナ禍で、zoomやGoogle Meet、Google Classroomの使用は避けて通れず、必死に使い方を覚えました。

若い先生にいろいろと教えていただいたのですが、一度聞いただけではわからず「先生、さっきそれ教えましたよね？」などと言われることもしばしば。なかなか授業内容を理解できない生徒の気持ちがわかりました。今では、他校の先生方などとの情報交換もzoomを使って行うのが日常になっています。私は定年間際で、これまではパソコンの導入に対してあまり積極的ではありませんでしたが、もうそういう時代じゃないんだなと。これがこれからの世界なんだなと実感しています。

二〇二〇年度は五十五回の説明会をはじめ、資料を携えての塾訪問など、全教員で一致団結して生徒募集を行うことができました。入学者数が昨年より増えたのも、そういった地道な活動と丁寧な説明の成果だと思います。来年度も引き続きオンラインとリアルの「ハイブリッド型」で生徒募集を行っていくことになるでしょう。生徒募集の最終的な目標は、生徒や保護者に「この学校に入ってよかった」と言ってもらうことです。そんな声が聞けるよう、来年もコロナとの戦いを続けていきます。

六月一日の入学式、開始の二時間も前に登校する生徒がいた。

成田晃一（なりた・こういち）教頭。担当教科は数学。バドミントン部顧問。

さまざまな決定の繰り返しでした

二〇二〇年三月一日からの休校が決定した後、三月、四月、五月は、休校中の対応および六月の分散登校に向けて、「それぞれの学年や教科がどう動いていけばいいか」が大きなテーマでした。分科会では、様々な意見、提案事項が出されました。ときにはぶつかり合いもありましたが、会議は真剣そのものでした。

私ともう一人いる教頭は、分科会で話し合われた対応プランを最終調整する会議（教科長会、学年主任会、運営委員会）に全て出席しています。その会議の出席者は基本的に十数人。二百八席ある本部棟の視聴覚教室で行われました。密対策としてこれだったら十分すぎるくらい距離を取れるだろうと。会議は午前中から開始しましたが、終わる頃には気がつくと外が暗くなりかけていたこともありました。長いときは五、六時間以上もかかっていたと記憶しています。

会議では時間をかけ、その度に小さいものから大きなものまで決定を何度も積み重ね、「決定してからは早急に実行に移す」の繰り返しでした。そのひとつが、「生徒となんとかつながっていこう」という基本理念のもと、各家庭に電話をすることでした。でも中学、高校で合わせて七十クラスを超えている。ひとクラス基本的に四十人です。一度に電話しようとすると回線が当然足りません。ではどうするか。回線の確保についても先生方の発案（ＩＰ電話等）で解決しました。

また分散登校ひとつにしても細かく決めることばかりでした。事前通知や教室の準備だけではありません。電車での登校に不安がある生徒の対応として、車でも登校できるようにしました。アリーナの横にある駐車場に誘導コーンを立て、一方通行にして乗り降りの場として開放しました。当日まで何台くるかわからないので、毎朝気になり駐車場へ誘導にいきました。心配していたのは私だけではありません。校長、副校長をはじめ、各部長の先生方も集結していました。結局そこまでは車の台数は多くなかったのですが、生徒の数が多いだけに渋滞しないかヒヤヒヤしたのを覚えています。

集合写真がなくなった

六月から授業をなんとか無事に再開できたのは、生徒、保護者、教職員、卒業生を含めてワンチームで行動できたからではと思っています。

授業再開後、卒業生からはマスクが届き、中学三年の保護者からはその頃、なかなか入手できなかった次亜塩素酸とボトルをいただきました。そのとき、対応したのは私だったので、直接お礼を言うことができました。本当にありがたかった。

授業は中学一年と中学二年の数学をそれぞれ一クラスずつ担当しています。教員が一コマを二人で教えるチームティーチングの補助です。マスクをしての授業は息苦しくもあり、授業中に給水タイムをつくっていました。水分をとる際にマスクを外すと、「ああ、こういう表情だったんだ」と気がつく、そんなときでないと顔が見られない状況でした。

そして忘れられないのは二〇二〇年六月一日に執り行われた中学一年生の入学式（朝十時から開始）です。放送による入学式でした。九時半から各教室で出席確認をするので登校時間は九時から九時半としていました。私が八時に校舎手前を歩いていると中庭にひとりぽつんと立っている中学一年生の男子生徒を見かけました。おそらく一番最初に登校した生徒だと思います。とても緊張した様子だったので、「どこから来たんですか？」とかいろいろ質問していくと、少しずついろいろと話をしてくれました。「初日なので遅れないように早めに来ました」と話しながらホッとした表情になっていくことに安堵したことを覚えています。

六月の入学式、開始の二時間も前に登校する生徒がいた。そして、毎年、式典看板を背に新入生と保護者が記念撮影で長蛇の列ができる、一生に一度のあの景色も失われてしまった。私にとっての休校明けの印象的な光景です。

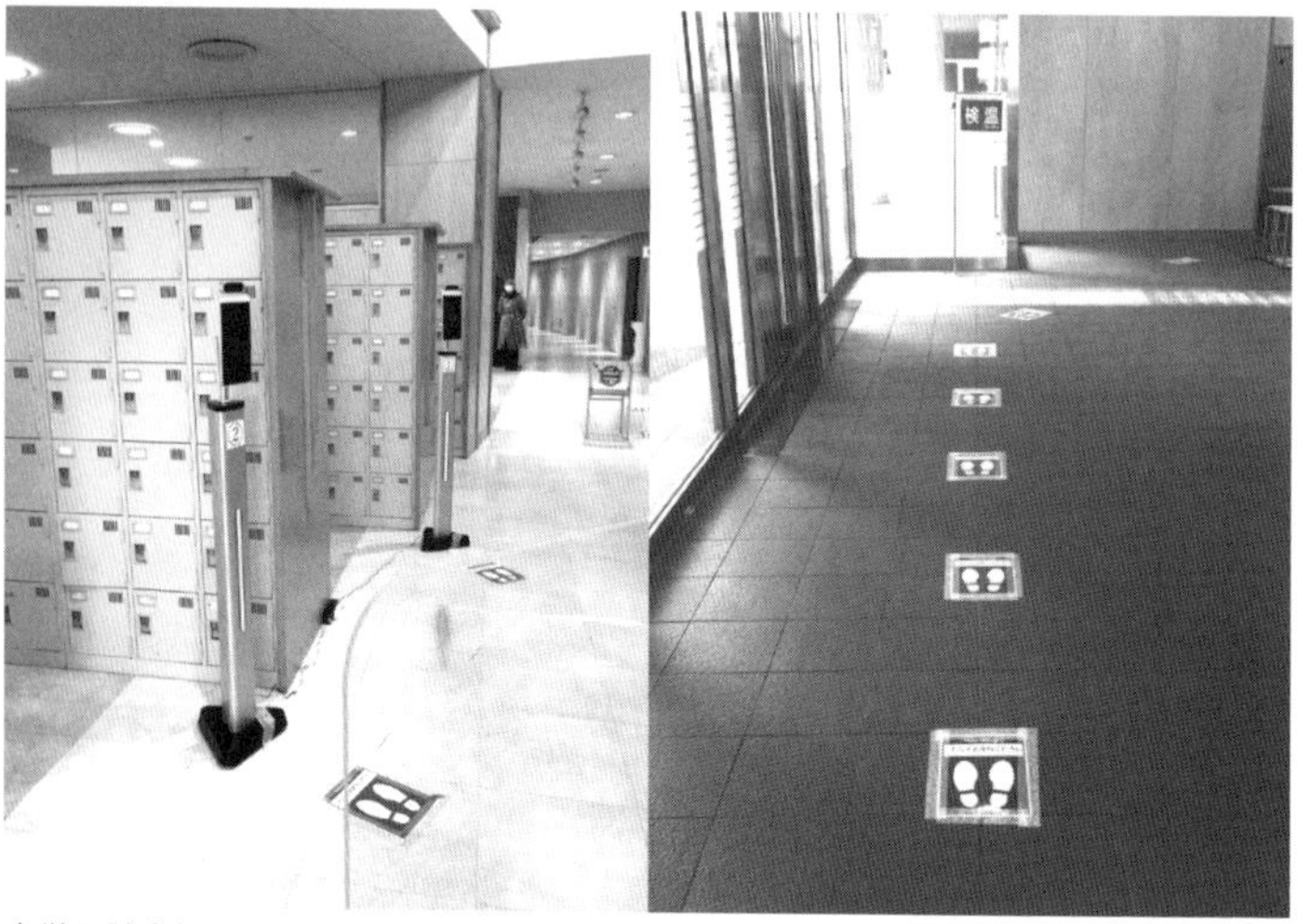

中学入試会場の入り口の様子

スクリーニングルームを設置。熱のある受験生がいた場合、防護服を着た養護教諭が再度検温を行い、受験の意向があれば専用の別室で受験してもらうこととした。

保護者の待機場所

試験会場の教室入り口

受験生もひとつおきに着席して試験を受ける

また会う日まで

ブレてもいいから、
そのときそのときの状況に
相応しいことを。

中野浩（なかの・ひろし）
二〇一九年度六代目の校長に就任。「大学訪問授業」と「TOKO SDGs」のふたつのプロジェクトはライフワークと呼べるほど今の自分を支えている。

経験や失敗から、自分を知る

私が校長になった二年前、新しく学校の教育目標を作りました。以前から桐光学園には、「次世代の新しいリーダー、真の人格者を育成します」という教育目標がありました。これは今も私たちが目指すところのもので変わりはありません。

しかし、これはあまりにも崇高な目標なので、生徒にとってもっと身近な目標、生徒たちが具体的に実践できる目標も立てたいと思いました。そこで、自分の言葉で実感を込めて生徒に伝えられる目標として、次の三つの教育目標を設定しました。

一、他者との関わりの中で自己を高めていこう
二、失敗を恐れず失敗から学んでいこう
三、一生続けられる好きなことを見つけよう

たくさんの経験をすればするほど、自ずと失敗の数も増えてくる。失敗からしか学べないこともあるし、失敗から学んだことこそが本当に自分の身になる。そして三は、私が生徒たちに最も伝えたかったことです。たくさん経験して、たくさん失敗していく度に、だんだん自分がどんな人間か見えてくる。そして自分の好きなことが見つかったら、それは一生の宝物になり

ます。三つの教育目標はこのようにつながっています。

三つ目の「一生続けられる好きなことを見つけよう」には、特に深い思い入れがあります。自分を振り返ったときに、私なりにつらいことや悲しいことは多々ありましたが、かろうじてそれを乗り越えられたのは好きなことがあったからです。だから、生徒たちもこの学校で好きなことを見つけてくれたら、それが一番望むところです。そのためにさまざまな経験をして、多くの失敗を恐れずに果敢にチャレンジしてほしいと思っています。

勉強のイメージを転換させる

本音としては、休校期間中生徒たちには好きなことをとことんやってほしいと思っていました。もちろん課題などの学習も大事ですし、外に出ることが難しかったりして好きなことをやるにも制限される部分もあったでしょう。でも、こんなにたっぷりと自由な時間がある状況は、人生を通して何度も経験できるものではありません。だからその時間を使って自分のやりたいこと、好きなことを徹底的にやってみてほしいという思いがありました。

何かを「好き」と思う気持ちというのは本当に強い。中学一年生のとき、私はローリング・ストーンズが大好きでした。ローリング・ストーンズの曲の歌詞の意味を知りたくて、英語の辞書を必死で引いて勉強して、それをきっかけに英語に親しみを持てるようになりました。別にそんなことは英語の先生からやれと言われてやったわけじゃない。とにかく好きで、好きなものをもっと理解したいという思いが私を動かしていました。好きという気持ちは強いエネルギー源になります。

言われたからやるのではなくて、自分からやるというのも大事なことです。昨年から始めた「TOKO SDGs」の取り組みの中でそれを改めて実感する出来事がありました。「TOKO SDGs」とは、国連のSDGs（持続可能な開発目標）を下敷きにしつつも中高生にとってより切実な問いの集まりです。国連のSDGsは地球を豊かに持続させるためには何が必要かという目的ですが、「TOKO SDGs」の目標は、豊かな人間性という内面の充実にあります。

昨年度、高校生と中学生、教員からなる「TOKO SDGs委員会」を策定しました。

その委員会の雑談の中で、ＢＬＭ（Black Lives Matter）の問題が話題になったときです。高校生たちは問題についてしっかり理解していて議論に対応できていましたが、中学生たちはポカンとして聞いているだけでした。でも、中学生たちにとってこれが大きな刺激になりました。中学生のある子は会議の後、ＢＬＭについてや、黒人の差別問題の歴史について、自分で調べてみたそうです。自分で知りたいと思って、アクティブに行動した。これこそが重要なんです。この出来事を通して、その子の中では勉強することのイメージにコペルニクス的転回が起こったのではないかと思います。先ほどお話しした私のローリング・ストーンズのエピソードも同じですね。きっかけは何でもいいんです。学ぶことの意味を自分でつかむ経験を学校でしてほしい。

「首尾一貫」は危険

コロナが広まりはじめたのは、そうした新しい試みをはじめた矢先でした。私は校長として休校中の学校の対応においては、学習支援とともに生徒たちの心のケアをもうひとつの重要な柱としました。

実のところ休校が決まって、最初は大多数の生徒は喜んでいました。学校に行かなくていいと。しかし、二週間、三週間と経っていくうちに、学校に行きたいという気持ちが強くなった生徒が多くなっていきます。

学校は勉強する場所でもあるけれど、友達とおしゃべりしたりふざけあったり、先生たちと話したり、そういうコミュニケーションの場でもある。そのコミュニケーションの場としての要素がすごく重要だったんだということが、コロナによって改めてわかってきました。しかもこの休校期間中は普段の夏休みとも違って、遊びに行きたいところに行くこともできない、友達とも会えない。もし自分が中学生とか高校生のときにそんな経験をしたとしたら、精神的に参っていたかもしれません。だから学習支援だけでなく心のケアにも注力したのです。例えば、先生たちには週に一回くらいの割合で電話やメールで生徒とコミュニケーションをとってもらうようにしました。生徒たちを放っておかない、つながりを切らさないでくださいと先生たちにお願いしました。

心のケアは、生徒たちだけではなくて先生たちについても言えることです。校長として先生たちのケアも考えました。休校中も先生たちは出勤していたし、授業がないからラクかと言えば全くそんなことはない。普段通り授業があるときはある程度ルーティンができています。しかしイレギュラーな業務が増えた休校中は大変だったと思います。休校が明けてからも、教室の消毒や、普段は生徒がしている掃除も先生たちが全部しています。非日常的な勤務状況は肉体的にも精神的にも負担が大きい。

コロナ対策に関して私は「ブレてもいいからそのときそのときの状況に相応しいことをやりましょう」と言い続けています。通常の状態なら、考え方や方針は首尾一貫していることが評価されがちです。でもこのコロナに関しては、首尾一貫はできないし、むしろしない方がいい。状況が刻々と変わるので、前に言ったことと次に言うことが食い違うのを気にしていては適切な対応はできません。だから私から発信する方針が途中で変わることもあり、生徒や保護者、先生たちを混乱させてしまっただろうと思います。その声は私にも届き、とても悩みました。

でもこの状況においては、こういう言い方は乱暴かもしれませんが、ある程度はしかたがないと割り切りました。首尾一貫して頑なに姿勢を変えないことの方が危険だ、コロナ禍というのはそれだけの緊急事態なのだと、常に意識していました。

本が読めなくなった

今年は学校行事はほぼ全て中止でした。中でも、「大学訪問授業」がなくなったことは個人的にもショックでした。「大学訪問授業」は、毎年様々な分野で活躍されている先生方をお呼びして中学一年から高校三年までの希望生徒に向けて講義をしていただくものです。例えば二〇一九年度は出口治明さんや沢木耕太郎さん、本郷和人さんら一年間を通して二十一名の先生方が講義をしてくださいました。生徒たちだけではなく私自身も毎回講義を楽しみにしていて、講師として来てくださる方々の著作を講義の前までに必ず読むことを心がけていました。講義後に、先生方から刺激を受けた生徒たちの感想を聞くのも楽しみでした。今年度、中止を決めたときは自分が予想していた以上に強い喪失感を覚えましたね。

私は読書が好きで、毎月十五冊から二十冊ほど読みます。ところが今年は二月から九月あたりまで、一ヶ月に四、五冊しか読めなかった。時間は十分にあったはずなのに、なぜか読書に集中することができなかったんです。頭の中が混乱していて、いろいろなことが千々に乱れて駆け巡って、論理立てて考えながら本を読むことが難しかった。

渦中にいるときはわからなかったのですが、後から考えてみると罪悪感のようなものを感じていた気もします。生徒たちが苦しみ、先生たちが苦しみ、保護者たちが苦しんでいる中で、学校の責任者である自分が読書という自分が一番好きなことを今やっていていいのだろうかと。

それは、過去のパンデミックに関する本、デフォーの『ペスト』とカミュの『ペスト』を二月頃に続けざまに読んだのも影響していたと思います。それらの本が書かれた当時と比べて、今は格段に科学が進歩している。それなのに人間は相変わらず同じ過ちを繰り返している。その事実を突きつけられたように感じ、かなりショッキングでした。十月以降、学校が少しずつ落ち着きを取り戻してくるとともに、少しずつまた読めるようになってきました。

　これまでお話ししてきたように、この一年は気持ちが乱れたり多くの苦労があったりしましたが、自分と向き合ってとことん考える機会にもなったのではないかと思います。逃げずに自分と向き合うと強くなれるし、後々必ずその経験が活きてきます。人とコミュニケーションを取ることも大事だけれど、一人の時間も同じくらい大事。今は一人で時間を過ごすには絶好のチャンスとも言えます。「ピンチはチャンス」。これが私の一生を支えている言葉です。

　二〇二一年三月の中学の卒業式で、知識と知恵の関係性について話しました。簡単に言うと、知識を活用できる力が知恵ということです。正しい知識を貯えることはもちろん重要ですが、それだけではコロナのような複雑な問題には太刀打ちできない。複雑な問題を解決するためには、知識を横断的につなげて活用する力、つまり知恵が必要なんです。この知恵も、最初にお話しした三つの教育目標の内容も、どれだけ身についているかを数値化して測れるようなものではありません。しかし、こうしたわかりにくいものこそが本質的なんです。わかりにくいものは敬遠されるのが常です。点数で測れるようなわかりやすいものにどうしても目がいってしまう。

でも私たちはこれからも、わかりにくいものから逃げず、この学校で生徒たちが本当に大事なことを身につけられるように、一人一人と向き合っていきたいです。

高等学校卒業証書授与式校長式辞　二〇二一年三日六日

第四十一期生、男子／女子の皆さん、卒業おめでとうございます。今、コロナ禍で卒業式を男子と女子で分けておこなったので、男子／女子の皆さんという表現をしました。桐光学園の過去の卒業式においても、おそらくこれから先の卒業式においてもこのような表現を使ったこと、使うことはないと思います。

昨年の卒業式は、新型コロナウイルス感染が拡大しつつある状況の中で各教室において放送にて実施しました。対面でできなかったこと、保護者の方と一緒に卒業を祝うことができなかったことは、今でも悔しさとして鮮明に記憶に残っています。感染拡大がやや落ち着きを見せはじめているとは言え、まだまだ収束には至らない状況の中で、男女別という形ではあれ、こうして皆さんと対面の形で、また、保護者の方たちにはリモート配信という形で卒業式をとり行うことができたことに胸をなでおろしています。

思えば皆さんのこの一年間は、自分たちではどうすることもできない不可抗力や大人の事情に振り回され続けたものでした。大学入試の共通テストでは当初予定されていた英語の民間試験活用や国語数学の記述式問題の導入が見送られたり、コロナによる三ヶ月にわたる休校があったり、九月入学の問題が突然浮上したり、コロナの影響で各大学の入試概要が変更したりその発表が遅かったりしました。部活動においても、普段の活動が制限されたり、最後の大会や試合が縮小・中止になったりしました。学校生活においても各種行事の変更や中止、また「三密」を避けるためにさまざまな行動にも制約がかかりました。言い尽くせないほどのストレスが続いた一年だったと思います。大人の一人として、また校長としてその責任を強く感じています。

しかし、その中においても、できないことを数え上げて不平や不満をぶつけるよりも、制約の多いこの状況下で将来に向けて今自分ができることを模索し、それぞれのやり方で努力を続けた皆さんに敬意を表したいと思います。

さて、皆さんは、小学校や中学校の校長がさまざまな場面で何を話したのかを覚えているでしょうか。私自身振り返ってみると、小・中・高・大学の校長や学長の言葉をほとんどと言っていいほど覚えていません。決して自慢できる話ではなく恥ずかしい限りですが、このことから学んだことが一つあります。

それは、大切なこと、伝えたいことは、言葉や具体例は変わったとしても言い続けていくことです。

一昨年の四月に私が校長に就任したときに、教育目標を変更しました。それまでの目標は、真の人格者、日本・世界のリーダーをめざそうという立派で壮大なものでした。あまりにも立派で壮大であるだけに、果たして自分自身が生徒たちに説得力ある形で伝えられるか、どれだけの生徒がその目標を達成できるかの二点において不安がありました。そこで、自分なりにある程度説得力ある形で伝えることができ、また、一人でも多くの生徒が達成できるような目標に変えようと思いました。三つあります。皆さんは、それらの目標を思い浮かべることができるでしょうか。一つ目は、「他者との関わりの中で自己を高めていこう」二つ目は「失敗を恐れず失敗から学んでいこう」そして三つ目は「一生続けられる好きなことを見つけよう」です。私はこれまで、さまざまな場面で、この三つの目標に直接・間接を問わず関係のある話をしてきたつもりです。

　高校三年生だけを対象にして私が話すのは今日で三回目となります。一回目は、休校明けの六月三日に行われた学年別の始業式で放送で行いました。二回目は、十一月十一日の朝会でモニターを視聴する形で行われました。

　始業式では、コロナ禍でさまざまなストレスを抱え、ともするとマイナス思考になりがちな意識をプラス思考に変えていくにはどうすればいいか、という話をしました。大学のホームページや受験雑誌、オープンキャンパスなどを通じて正しい情報をいかにつかんでいくか、特に皆さんの先輩たちの試行錯誤がいっぱい詰まった「大学合格体験記」は、皆さんにやる気と勇気を与えてくれるものだと強調しました。

　朝会では、大学入学共通テストを二ヶ月後に控え、受験生へのメッセージとしてコロナ禍における受験勉強において大切なことを三つお話しました。一つ目は、相手を知るということ。その大学・学部・学科が本当に自分に合っているかどうかを知り、過去問に精通することを訴えました。二つ目は、何をいつまでにどれくらいのペースで進めたらいいかという計画性と継続性の大切さについて述べました。そして最後に、マイナス思考ではなくプラス思考で最後まで自分を信じて乗り切ってほしいと伝えました。

　こうして振り返ってみた時、始業式や朝会で話したことは一見先ほど述べた、他者との関わり、失敗から学ぶ、好きなことをみつけるという三つの教育目標と関係がなさそうに思えます。「大学合格体験記」で先輩たちの様子を知ることや、大学のホームページで大学や学部・学科を知ることはまさに他者との関わりそのものであり、「大学合格体験記」で先輩の受験勉強のあり方を追体験したり、日々の受験勉強の中で計画を立て直したりすることは、失敗から学ぶことそのものです。本当にその大学・学部・学科が自分に合っているかどうかを見極めるためにも、自分の好きなことは大事な要素となるはずです。

　それでは、今日のこの卒業式で私が皆さんに最も伝えたいことについて話します。一言で表現すると多様性を尊重してほしいということです。最近では英語のダイバーシティという言葉もよく見かけます。多様性の意味については、自然科学、社会科学、人文学の専門分野によって、時には明確に、時には微妙に異なりますが、ここでは、多少乱暴であることを承知の上で、自分とは異なるさまざまな存在や考え方というふうに捉えたいと思います。多様性を尊重するとは、自分とは異なる存在や考え方を排除しないということです。世界中にはさまざまな違いがあります。国の違い、言語の違い、文化の違い、生物種の違い、肌の色の違い、等々。グローバル化の時代が進んでかえってそれらの違いがより鮮明に人々の意識に上るようになったかも知れません。

特に、このコロナ禍における一年を見ても、さまざまな分断や差別がありました。アメリカの前大統領におけるアメリカファースト、宗教間、民族間における争い、オリンピック・パラリンピック組織委員会の前会長の女性差別発言等々。どれも多様性を尊重しない言動の結果と言わざるを得ません。わかりやすい答えを性急に求めるあまり間違った情報、フェイクニュースに飛びついたり、自分たちの正当性を強調するあまり、自分たちと異なる存在や考え方を攻撃したり排除したり無視したり。冷静に客観的に見ればどれも単純で未熟な言動であることは火を見るよりも明らかであるにもかかわらず当事者は冷静さや客観性を失い、自らの稚拙さに気づかなかったり気づかないふりをしているように思えます。

それでは、多様性を尊重するためにはどのような態度や考え方が必要なのでしょうか。先ほどの多様性を尊重しない態度や考え方の特徴の真逆を考えてみることがいちばんわかりやすいかも知れません。まずは、正しい情報を求めていく姿勢が大事だと思います。その情報の発信源はどこか、その情報は確かな根拠、エビデンスにもとづいているかを慎重に見極めて行くことです。また、自分や自分たちの行動や考え方を絶対的は思わずに異なる存在や考え方もあることを理解していく相対的な考え方も必要だと思います。このコロナ禍のさまざまな問題をはじめとしてグローバル化した世界に発生する問題は、正解が一つとは限らない複雑な様相を呈しているものが増えています。正解が見つからなかったり、正解らしきものがいくつもあったりします。

　グローバル化とは単に人とモノが地球規模で移動するだけではなく、それにつれて、文化や経済、言語や習慣など移動する人やモノが背負っているさまざまな物事の移動も含まれています。異質なものが絡み合っているからこそ問題は複雑化し容易な解決策を見出しにくくなっています。とは言え、解決策がないわけではありません。複雑な問題の要因は、異質なものが絡み合っているところにあると述べました。そこに注目することで解決に至る手がかりが見出せると思います。それぞれ異質なものを理解することです。そしてどのように絡み合っているのかをじっくりと考えてみることです。例えば、このコロナ禍で生じた複雑な問題を考えてみましょう。医療従事者やその家族、または、コロナに感染した人たちに対する攻撃や差別。これらの問題は、コロナの治療薬やワクチンが開発されれば解決されるでしょうか。確かに部分的には解消されるかも知れません。治療薬やワクチンが開発されれば、新型コロナウイルスは未知の恐ろしいウイルスではなくある程度コントロール可能なものになり、それによって人々が抱いていた不安がある程度軽減されるからです。

　でもそれで一件落着と言ってよいのでしょうか。別の言葉で言えば、新型コロナウイルスがコントロール不可能で未知の恐ろしいウイルスであれば、医療従事者やその家族、コロナ感染者を攻撃したり差別したりしてもいいのでしょうか。ここに見られるのはワクチンや治療薬の欠如の問題だけではなく、想像力の欠如の問題であると思います。もしも自分や自分の大切な人が攻撃や差別を受けたならば、という想像力が決定的に欠けているのだと思います。多くの人たちは、このコロナ禍においてマスクをする、手洗いをする「三密」を避けるなどの最低限のマナーを実行しています。したがって、それらのマナーを守らない人たちに対する批判のまなざしはある意味致し方ないかも知れません。ここで考えなくてはならないのは、コロナ感染者の多くは、必要最低限のマナーを守っていたにもかかわらず感染してしまったという事実です。治療薬やワクチンがまだ行き渡っていない今の時点で言えることは、コロナは誰にでも感染する可能性があるということです。これは理屈としては子供でもわかる、想像力とは言えないような簡単なことだと思います。でも今回のようなパンデミックが起こって人々が冷静さを失った時、このような簡単な想像でさえも困難にしてしまうことがあると思います。皆さんが迎えられるこれからの世界は今まで以上に複雑な姿をしていることと思います。自分とは異なった考え方を持った人ともたくさん出会うでしょう。これまで経験しなかったことも数多く経験すると思います。その時に自分とは違うという考えからその人やその状況を避けたり否定したりしないでください。どうして異なるのか、その根拠を冷静に考えてみてください。

　成長する、ということの定義はいろいろありますが、私は、「他者の自己化」と考えています。

他者という自分とは異なる存在を自分の心を開いて受け入れていく、そして自分の世界を少しずつ広げていってほしいと願っています。

最後となりましたが、リモートで視聴されている保護者の皆様、ご家族の皆様、コロナ禍でこのような形の卒業式となりましたが、皆様と一緒に四十一期生の卒業を祝えたこと、また、三年間にわたって物心両面のご協力をいただけたことに教職員を代表して感謝申し上げます。本日はおめでとうございます。また、これまでありがとうございました。これをもちまして校長の式辞とさせていただきます。

学校！ 高校生と考えるコロナ禍の365日

二〇二一年十一月十四日　第一刷発行

監修
桐光学園中学校・高等学校
〒二一五-八五五五
神奈川県川崎市麻生区栗木三-十二-一
TEL：〇四四-九八七-〇五一九（代表）

編集協力
新原成華

発行所
株式会社左右社
〒一五一-〇〇五一
東京都渋谷区千駄ヶ谷三-五五-一二-B1
TEL：〇三-五七八六-六〇三〇
FAX：〇三-五七八六-六〇三二
http://www.sayusha.com

装幀・装画イラスト
松田行正＋杉本聖士

印刷
創栄図書印刷株式会社

ISBN978-4-86528-0470-0